新版

基本簿記論

第5版

関西学院大学会計学研究室［編］

BOOKKEEPING

中央経済社

〈執筆者一覧〉（担当章）————————————————————

菅原　　智（関西学院大学商学部教授）————————————— 第1章

梶浦　昭友（関西学院大学名誉教授）————————————— 第2章

小菅　正伸（関西学院大学商学部教授）————————————— 第3章

井上　達男（関西学院大学商学部教授）————————————— 第4章

林　　隆敏（関西学院大学商学部教授）————————————— 第5章

阪　　智香（関西学院大学商学部教授）————————————— 第6章

桜井　久勝（昭和女子大学グローバルビジネス学部特命教授）——— 第7章

浜田　和樹（岡山商科大学経営学部教授）—————————— 第8章

杉本　徳栄（関西学院大学大学院経営戦略研究科教授）———— 第9章

若林　公美（関西学院大学商学部教授）————————————— 第10章

稲澤　克祐（関西学院大学大学院経営戦略研究科教授）———— 第11章

上田　耕治（関西学院大学大学院経営戦略研究科教授）———— 第12章

玉川　絵美（関西学院大学商学部助教）————————————— 第13章

西尾宇一郎（関西学院大学名誉教授）————————————— 第14章

川端　千暁（中央大学商学部助教）————————————— 第15章

藤田　直樹（静岡産業大学経営学部講師）—————————— 第16章

山地　範明（関西学院大学大学院経営戦略研究科教授）———— 第17章

緒方　　勇（関西学院大学大学院経営戦略研究科准教授）——— 第18章

中島　稔哲（関西学院大学大学院経営戦略研究科准教授）——— 第19章

西嶋　達人（関西学院大学商学部助教）————————————— 第20章

児島　幸治（関西学院大学国際学部教授）—————————— 第21章

王　　　昱（関西学院大学国際学部教授）—————————— 第22章

はじめに

　本書は，これからはじめて簿記を学ぼうとする方々のためのテキストとして編集されています。本書は1988年に出版された『基本簿記論』と，これに完全準拠した『基本簿記ワークブック』を基礎にしています。これらの教材はともに複式簿記の初学者の入門書として，幸いにもご好評をいただき版を重ねてきました。2012年にこれら2つを『新版 基本簿記論』として統合し，解説とあわせてトレーニングと例題により，簿記学習に必須の実習を行えるように編集されました。2014年，2017年，および2019年に制度改正等に合わせ，該当箇所を改訂するとともに，例題とトレーニングの問題を追加し，実習による学習の深化を図りました。

　そして，このたび，日本商工会議所簿記検定試験の出題区分表・許容勘定科目の改訂に伴う対象範囲の変更に伴い，記載内容を新たな範囲に適合させるとともに，簿記の導入教育に必要な事項の見直しを図って，『新版 基本簿記論（第5版）』として出版する運びとなりました。

　本書は，まず日本商工会議所簿記検定試験3級の範囲を網羅し，その上で，将来，中級簿記や上級簿記に学習を進める際に欠くことのできない基礎事項を加える内容になっています。簿記は社会的に重要な会計情報の作成機能を担っており，作成された会計情報は，投資者をはじめ，企業の状況を知ろうとするステークホルダーに活用されています。また，企業の経営管理には自社の状況を刻々と把握し，計画や目標の達成のための数値情報が必要です。簿記は，そのための基礎情報を与えるものでもあります。

　簿記によって生成される会計情報は，財務諸表あるいは広く決算書とよばれる情報で，ビジネスの世界では必須の情報ですが，一般にはなかなかなじみのない情報かもしれません。ところが，たとえば地図が地表の状態を描いていると同様に，会計情報は企業の状態を描いているものであり，地図を一定のルールにしたがって作成し，できあがった地図を読むというプロセスは，そのまま会計情報に当てはめることができます。会計には会計基準というルールがあります。それが簿記と密接に連携しています。簿記を学ぶことにより，企業の姿を情報に表現するしくみと，作成された情報の理解のための基本知識を得ることができます。

　本書では，これから簿記を学ぼうとする学習者にとって必須の基本的な事項について記述し，講義のテキストとしての性格のみならず，独習のための教材としても十分に利用できるという観点からわかりやすい解説とそれに対応した演習問題を組み合わせて編集してあります。学習者が自ら学び，解答することを通じて，基礎を完全にマスターできるように意を尽くしました。本書が簿記の学びをはじめようとされる皆さんにとって役立つことを，執筆者一同，念願しています。

なお，本書の編集にあたり，全章にわたっての調整をはかる作業は菅原智教授が統括し，調整を西嶋達人助教と玉川絵美助教に担当していただきました。そのご苦労に対し謝意を表します。

　末筆ながら，本書の出版をご快諾くださった中央経済社社長・山本継氏ならびに学術書編集部の田邉一正氏に心よりお礼申し上げます。

2024年1月

関西学院大学会計学研究室

代表　小菅　正伸

目　　次

第Ⅰ部　複式簿記の基礎

第Ⅱ部　勘定科目

第Ⅲ部 決算と財務諸表

本書章末・Trainingの解答用紙と解答・解説は中央経済社ビジネス専門書オンライン（biz-book.jp）の本書掲載欄からダウンロードできます。また，仕訳問題もあわせて掲載しています。ぜひご活用ください。

[勘定科目一覧表（例示）]

貸 借 対 照 表

資産の勘定	負債の勘定
現金	支払手形
小口現金	買掛金
当座預金	前受金
普通預金	借入金
普通預金○○銀行	手形借入金
定期預金	電子記録債務
定期預金○○銀行	当座借越
受取手形	仮受金
売掛金	仮受消費税
クレジット売掛金	未払金
有価証券	未払費用（例：未払利息）
商品	未払消費税
繰越商品	未払配当金
貯蔵品	前受収益（例：前受地代）
貸付金	預り金
電子記録債権	従業員預り金
手形貸付金	社会保険料預り金
従業員貸付金	所得税預り金
立替金	未払消費税
従業員立替金	未払法人税等
前払金	純資産の勘定
未収入金	資本金
未収消費税	利益準備金
仮払金	繰越利益剰余金
仮払消費税	
前払費用（例：前払保険料）	
未収収益（例：未収家賃）	
受取商品券	
差入保証金	
建物	
車両運搬具	
備品	
土地	

損 益 計 算 書

費用の勘定	収益の勘定
仕入	商品売買益
売上原価	売上
給料	受取利息
法定福利費	受取配当金
広告宣伝費	受取家賃
発送費	受取地代
貸倒引当金繰入	有価証券利息
貸倒損失	有価証券売却益
支払手数料	有価証券評価益
旅費交通費	受取手数料
通信費	雑益
保険料	貸倒引当金戻入
減価償却費	償却債権取立益
消耗品費	固定資産売却益
租税公課	
支払家賃	
支払地代	
水道光熱費	
修繕費	
雑費	
支払利息	
手形売却損	
有価証券売却損	
有価証券評価損	
雑損	
固定資産売却損	
保管費	
法人税，住民税及び事業税（法人税等）	

その他の勘定

現金過不足	減価償却累計額
貸倒引当金	損益

よく使われる記号

,	コンマ（comma），カンマともいう。数字の3桁ごとの位取りに用いる符号。非英語圏などでは異なる符号を用いる。例　5,678,000
.	ピリオド（period）。小数点を示す符号。例　3.1415
¥	円記号。日本の通貨単位「円」を表す記号。例　¥100
#	番号記号，井桁，ナンバー記号（number sign）。数字の前につけ番号を表す記号（伝票・商品・手形・小切手など）。通常，横線はまっすぐで縦線が斜めに書かれる点で音楽記号のシャープ（♯）とは異なる。例　約束手形＃750
@	単価記号，アットマーク，商取引における単価を示す記号。ラテン語のadの略記に由来するなど諸説あり。例　Tシャツ　@¥1,300
✓	チェック記号，チェックマーク（checkmark）。照合・確認・点検・処理が済んだことを示す記号。転記不要を意味する記号。残高式元帳の残高がゼロであることを示す場合に用いられることもある。
△	白三角，上向き三角。数字の前につけて，マイナスを表す記号。
〃	ノノ点，繰り返し記号，同上（イタリア語のDitto）。帳簿において，日付や語句などを前行の同じ位置に記して，前行と同じ内容を繰り返して用いるときに用いる符号。ただし，金額には用いない。ダブルクオートdouble quote（"）に由来する。

罫線と文字のルール

　簿記上の赤色の罫線と文字には一定のルールがある。まず，貸借対照表や損益計算書のような，定まった形式を描く場合には，形式を定めるための罫線は，例外なく赤色で引かれる。また形式上，一番はじめの横線は二本線で引き，以下は一本線を使う。縦線は，金額を記入する欄を二本線ではさむ形で引く。ただし，両端には引かないので，両端が本来，一本線なのか二本線なのかは，記入内容から判断する。

　集計のための横線は，一本線を引き，集計をする。このような一本線を**集計線**とよび，そこまでの数値が加減される。簿記上，減算の場合も通常，マイナス記号は付けないので，それぞれの項目について解釈する必要がある。集計の結果，集計金額が一致したことを確認の上，集計数値の下に二本線を引く。このような二本線を，**締切線**とよび，集計が完全に終わったことを示す。また，記入行に空行が出た場合には，改ざん（意図した不正な書き換え）を防ぐために，記入欄に斜線を入れて三角線を記入する。

第 I 部

複式簿記の基礎

第1章

簿記の基礎

1　簿記の意義

　簿記とは，企業が営む経済活動を，貨幣額で認識し，測定し，帳簿に記録し，その結果を定期的に整理して，**財務諸表**とよばれる報告書を作成するための技術である。

2　簿記の目的

　簿記の主な目的は，企業が営む経済活動から生ずる利益を，一定期間を単位として貨幣金額的に計算することである。これを**期間損益計算**といい，この目的は次の3つからなる。

> ①　日常の経済活動を，正確に，継続して整然と記録すること。
> ②　一定時点における企業の**財政状態**を明らかにすること。
> ③　一定期間における企業の**経営成績**を明らかにすること。

　簿記システムから得られる情報は，以下のような場面で役立つ。
・企業経営者が経営管理を行う場合，株主に対する配当可能利益を計算する場合
・債権者による企業への融資の可否や融資限度を判断する場合
・内部従業員が賃金その他の労働条件の改善要求をする場合
・国や地方公共団体が課税をする場合　　　など。

3　簿記の前提条件

　一般的に，簿記は次の前提条件に基づいて実施される。

① 企業の経営成績を判断するために，人為的に一定期間を区切って，会計記録を締め切り，報告書を作成する（**期間計算**）。
② 企業の経済活動によって生起した経済的事象のうち，貨幣金額的に計量化されるものをデータとして記録する（**貨幣的評価**）。
③ 企業の経済活動によって生起した経済的事象を，1つの価値が他の価値に移るという相対立する価値の流れとしてとらえ，この価値の対流関係を常に2つの側面から記録する（**二面性原理**）。この原理により二面的に行われる簿記法を複式簿記という。
④ 二面的な記録は「勘定」という形式を単位として記録され，集計される（**勘定記入**）。

　一般的に会計期間は1年間と設定される。会計期間の最初の日を期首，最後の日を期末とよび，期首と期末の間は期中とよぶ。現在まさに経済活動を行っている会計期間を当期とよび，前年の会計期間を前期，次年の会計期間を次期とよぶ。

4　簿記と会計

　簿記と会計の歴史的関係は，まず簿記が発展し，それを踏まえた形で会計が発展してきたと考えられている。

　簿記は，簿記システムを通して，企業の経済活動を貨幣的に表現するための記帳技術である。これに対し，会計は，経済活動によって生起した経済的事象を簿記システムにインプットするのか否か，インプットするのであれば，それを貨幣金額的にいかに評価するのかなどを決定することに関係するものである。したがって，簿記論を記帳技術論とすれば，会計学は評価論であるといえる。会計が帳簿記入の実質的側面を取り扱うのに対して，簿記は，会計の領域で決定されたことを所与のものとして受け入れて，これをどのように記帳し，表現すればよいのかという形式的側面を取り扱う。つまり，会計と簿記は「実質」と「形式」，「内容」と「容器」という形で，両者は基本的に区別される。

　会計は利用方法によって**財務会計**と**管理会計**に大別される。

① 財務会計…企業の外部の人々に報告するための会計である。上場企業や大企業の場合，財務諸表を企業外部へ報告するためには公認会計士の監査を受けて，報告書が正しいものであることを証明しなければならない。
② 管理会計…経営者や管理者が企業内部で経営管理のために使う会計である。この分野には，分析会計・予算統制・原価計算などの領域が含まれる。

　その他，税務会計，情報会計，国際会計など，会計に関連する専門領域は多数あるが，簿記の知識がそれらすべての共通の基礎となっている。

3

■ Training

問題１－１　次の文章の（　　）に言葉を入れなさい。

(1)　簿記は企業の経済活動を，貨幣額で（①　　　　　　　　　）・（②　　　　　　　　　）し，帳簿に記録し報告書を作成するための技術である。

(2)　簿記の結果を定期的に整理した報告書を（　　　　　　　　　　）とよぶ。

問題１－２　次の文章の（　　）に言葉を入れなさい。

(1)　簿記の主な目的は，（①　　　　　　　　　　　　）であり，次の３つからなる。

　１）　日常の（②　　　　　　　　　）を正確に，継続して整然と記録すること。

　２）　一定時点における企業の（③　　　　　　　　　　）を明らかにすること。

　３）　一定期間における企業の（④　　　　　　　　　　）を明らかにすること。

(2)　簿記システムから得られる情報はどんな場合に役立つか，４つ以上挙げなさい。

問題１－３　次の文章の（　　）に言葉を入れなさい。

　簿記は次の４つの前提に基づいて実施される。

(1)　簿記では人為的に一定期間を区切って，会計記録を締め切り，報告書を作成する。これを（　　　　　　　　　　）という。

(2)　企業の経済活動によって生起した経済的事象のうち，貨幣金額的に計量化されるものをデータとして記録する。これを（　　　　　　　　　　）という。

(3)　企業の経済活動によって生起した経済的事象を，１つの価値が他の価値に移るという相対立する価値の流れとしてとらえ，この価値の対流関係を常に２つの側面から記録する。これを（　　　　　　　　　　）という。

(4)　二面的な記録は「勘定」という形式を単位として記録され，集計される。これを（　　　　　　　　　　）という。

問題1－4　次の文章の（　　）に入る言葉を下から選んで記号を書きなさい。同じ記号を2度以上選んでもよい。

　簿記と会計の歴史的関係は，まず（①　　　　　　　　）が発展し，それを踏まえた形で（②　　　　　　　　）が発展してきたと考えられている。

　簿記は，簿記システムを通して，企業の（③　　　　　　　　）を貨幣的に表現するための（④　　　　　　　　）である。これに対して，会計は，（⑤　　　　　　　　）によって生起した経済的事象を簿記システムにインプットするのか否か，インプットするのであれば，それを貨幣金額的にいかに（⑥　　　　　　　　）するのか，などを決定することに関係するものである。したがって，簿記論を（⑦　　　　　　　　）論とすれば，会計学は（⑧　　　　　　　　）論であるといえる。会計が帳簿記入の（⑨　　　　　　　　）を取り扱うのに対して，簿記は，会計の領域で決定されたことを所与のものとして受け入れて，これをどのように記帳し，表現すればよいのかという（⑩　　　　　　　　）を取り扱う。したがって，会計と簿記は「（⑪　　　　　　　　）」と「形式」，「内容」と「（⑫　　　　　　　　）」という形で，両者は基本的に区別される。

（ア）　簿　　記	（イ）　会　　計	（ウ）　経済活動	（エ）　記帳技術
（オ）　評　　価	（カ）　実質的側面	（キ）　形式的側面	（ク）　実　　質
（ケ）　形　　式	（コ）　容　　器		

問題1－5　次の文章の（　　　）に言葉を入れ，それぞれの会計で取り扱われる内容を簡潔に述べなさい。

　会計は次の2つに大別される。

(1)　企業の外部の人々に報告するための会計を（　　　　　　　　）という。

(2)　経営者や管理者が企業内部で経営管理のために使う会計を（　　　　　　　　）という。

第2章

簿記の基礎概念

1　企業の経済活動と簿記

　企業が経済活動を行うためには，元手としての資金（現金）が必要である。資金を調達するための主な方法には出資と借入がある。出資とは，資本主による企業への資金の拠出であり，提供された資金が資本金になる。資本金は企業が継続する限り，返済を要しない資金の出所である。また，借入とは，金融機関などから資金を借り入れることである。企業が借り入れた資金は返済を要する。この返済義務を借入金という。

　企業を設立して営業活動を行うためには，たとえば，店舗を準備する場合，土地を購入し，建物を建て，机やイスなどの備品をそろえることになる。販売するために購入して保有する物品を商品といい，商品を購入することを仕入という。仕入を掛（商品代金を後日決裁する取引）で行った場合，代金の支払い義務である買掛金という債務が生じる。また，商品を販売したという事実を売上という。原価￥100,000の商品を売価￥140,000で販売すれば，売上を通じて商品売買益￥40,000を得ることができる。サービスを提供すれば受取手数料が得られる。売上を掛で行った場合には，代金回収の権利である売掛金という債権が生じる。

　営業活動のために従業員を雇う場合には，給料を支払わなくてはならない。その他にも，水道光熱費，通信費，旅費交通費，広告宣伝費，発送費などの経費がかかるし，土地，建物などを賃借する場合には支払地代，支払家賃がかかる。また，賃貸した場合には，受取地代や受取家賃を得られる。借入金に対しては支払利息が生じる。また，余剰資金を貸し付けて，それを回収する権利を貸付金といい，金融機関に預ける銀行預金とともに，受取利息を得られる。

　簿記はこれらの諸活動を観察し，各種の財貨や権利（債権）・義務（債務）の変動や，得られた儲けや生じた諸経費を，以下に述べる資産・負債・資本（純資産）・収益・費用という5つの概念に分類して記録し，その記録に基づいて定期的に財務諸表とよばれる報告書を作成する会計の重要な技術的構造である。それとともに，簿記上で用いられる用語の

多くが，企業活動を表現するための共通用語になっていることから，会計専門職だけにとどまらず，企業人の基礎知識として重要な領域である。

本章では簿記の包括的な用語とそれに関連する基本的な報告書について学習する。

2　資産・負債・資本（純資産）と貸借対照表

(1)　資　　産

資産とは，企業が営業活動を行うために所有している現金，商品，備品，土地，建物などの財貨と，売掛金，貸付金などの債権である。債権は財貨のように有形ではなく無形であるが資産である。なお，債権には，金銭を受け取る権利と，物品やサービスを受け取る権利とがある。

(2)　負　　債

負債とは，企業が営業活動を行うにあたって負っている買掛金，借入金などの債務であり，企業が将来において他の者（銀行や取引先など）に対して金銭で返済したり，物品またはサービスを提供しなければならない無形の義務を意味する。

(3)　資本（純資産）

資本（純資産）（以下，資本とする）は資本主に帰属し，企業が継続する限り，返済を要しない資金の出所という。そこで，資本は，一定時点における資産の合計額から負債の合計額を控除することによって求められる。この考え方は，次の**資本等式**で示される。

$$資産－負債＝資本$$

企業の資本主による設立時の出資額すなわち元入額が典型的な資本であり，これを資本金という名称で記録する。個人商店においては店主が，株式会社においては株主が資本主となる。本書では株式会社を扱う。株式会社における資本金は株主から受け入れた払込資本である。

例題2－1　次の資料（×年4月1日）から，資産・負債・資本それぞれの合計額を計算しなさい。

現　　金	¥150,000	商　　品	¥60,000	建　　物	¥400,000
買 掛 金	¥80,000	借 入 金	¥200,000	資 本 金	¥330,000

(解) 資産合計　¥610,000　　負債合計　¥280,000　　資本合計　¥330,000

---

(4)　貸借対照表

　貸借対照表（Balance Sheet; B/S，Statement of Financial Position）とは，一定時点における企業の財政状態を示す報告書である。財政状態とは，一定時点における資産と負債および資本とのバランスの状態をいう。

　貸借対照表では，資金の運用形態である資産と，資金の調達源泉である負債および資本とを対照表示する。例題2－1の4月1日時点の貸借対照表は次のようになる。

貸　借　対　照　表

××株式会社		×年4月1日		（単位：円）
資　　産	金　　額	負債および資本（純資産）	金　　額
現　　　　金	150,000	買　掛　金	80,000
商　　　　品	60,000	借　入　金	200,000
建　　　　物	400,000	資　本　金	330,000
	610,000		610,000

　この貸借対照表から明らかなように，資産の合計額と負債および資本の合計額は一致する。これは，資本等式を変形することによって次の等式が成り立つことにより明らかである。この等式を**貸借対照表等式**という。

資産＝負債＋資本

　このような資産・負債・資本の関係に着目し，一定時点の資産と，負債および資本を対照して示す一覧表が貸借対照表である。貸借対照表は一時点の計算書であり，いつでも作成できるが，通常は企業の設立時と会計期末ごとに作成される。

(5)　財産法による期間損益計算

　簿記の主な目的は，経済活動から得られた損益（当期純利益または当期純損失）を，一定の期間を単位として計算すること，つまり期間損益計算にある。期間損益計算には，**財産法**と**損益法**という2つの計算方法がある（このうち損益法については後述する）。

　財産法とは，期間損益を一会計期間の期首と期末における資本の増減額として計算する方法であり，一会計期間の資本の増加額を利益と考える。資本が減少した場合，その減少額が損失である。ただし，追加出資（増資）など，資本の直接的な増減に関する事項は計算から除外する。財産法は次の計算式で示される。

期 首 資 産－期 首 負 債＝期首資本
期 末 資 産－期 末 負 債＝期末資本
期末資本－期首資本＝当期純利益（または当期純損失）

　したがって，財産法は貸借対照表による期間損益の計算方法であるといえる。

　財産法によれば，資本の増加額または減少額として期間損益を一定時点で計算することはできるが，それが生じた原因を示すことはできない。資本の増減の原因（期間損益の発生原因）は，次に述べる収益および費用として記録される。

3　収益・費用と損益計算書

(1)　収　　益

　収益とは，企業の営業活動によって生じる資本の増加原因をいう。ただし，資本の増加原因のうち，追加出資（増資）のような資本そのものの増加原因は収益とは考えない。収益には，商品売買益，受取手数料，受取地代，受取家賃，受取利息などがある。

(2)　費　　用

　費用とは，企業の営業活動によって生じる資本の減少原因をいう。費用は収益を獲得するために費やされたものである。ただし，資本の減少原因のうち，資本金の減額（減資）のような資本そのものの減少原因は費用とは考えない。費用には，給料，水道光熱費，通信費，旅費交通費，広告宣伝費，発送費，支払地代，支払家賃，支払利息などがある。

(3)　損益計算書

　損益計算書（Profit and Loss Statement; P/ L, Income Statement）とは，一定期間における企業の経営成績を示す報告書である。損益計算書では，一定期間に得られた収益と発生した費用がその原因別に示され，その差額として当期純利益または当期純損失が計算表で示される。損益計算書を例示すると，以下のとおりである。

<u>損　益　計　算　書</u>

××株式会社　　自×年1月1日　　　至×年12月31日　　（単位：円）

費　　用	金　　額	収　　益	金　　額
給　　　　　料	280,000	商 品 売 買 益	450,000
広 告 宣 伝 費	75,000	受 取 手 数 料	70,000
旅 費 交 通 費	30,000	受 取 利 息	50,000
支 払 家 賃	85,000		
支 払 利 息	20,000		
当 期 純 利 益	80,000		
	570,000		570,000

　損益計算書の収益の合計額と費用の合計額との差額が，当期純利益として費用の側に記載され，収益の合計額と費用および当期純利益の合計額が一致する。この関係は次の計算式で示される。

$$期間費用＋当期純利益＝期間収益$$

この等式を**損益計算書等式**という。なお，当期純損失の場合は以下の式になる。

$$期間費用＝期間収益＋当期純損失$$

(4)　損益法による期間損益計算

　損益法とは，期間損益を資本の増加原因である収益と資本の減少原因である費用の差額として計算する方法である。損益計算書等式に見られるように，一会計期間の経済活動の結果として，収益額が費用額よりも多ければその差額が当期純利益であり，逆に収益額よりも費用額が多ければその差額が当期純損失である。損益法は次の計算式で示される。

$$期間収益－期間費用＝当期純利益（または当期純損失）$$

したがって，損益法は損益計算書による期間損益計算の方法であるといえる。

4　財産法と損益法

(1)　貸借対照表と損益計算書の当期純利益

　すでに説明したように，期間損益は財産法と損益法という２つの方法によって計算することができる。財産法によれば，期間損益を資本の増減額として計算することはできるが，それが生じた原因を示すことはできない。これに対して損益法によれば，期間損益を資本の増加原因である収益と資本の減少原因である費用によって計算することで，期間損益の発生原因を明らかにすることができる。

　複式簿記の構造上，同一期間については，財産法の考え方によって貸借対照表で計算された当期純損益と，損益法の考え方によって損益計算書で計算された当期純損益とは必ず一致する。これが複式簿記の大きな特徴である。

　なお，当期純利益は貸借対照表においては繰越利益剰余金に含めて表示され，そこから配当金が支払われる。残額は次期以降に繰り越されていく。したがって，貸借対照表における資本は株主から受け入れた払込資本である資本金と企業が稼いだ利益（＝資本の増加額）のうち未分配の繰越利益剰余金から構成される。

例題2-2　次の資料から，×年4月30日現在の貸借対照表と，×年4月1日から×年4月30日までの損益計算書を作成しなさい。

〈×年4月1日の貸借対照表〉

貸　借　対　照　表

××株式会社　　　　　　　　　×年4月1日　　　　　　　　　（単位：円）

資　　産	金　　額	負債および資本（純資産）	金　　額
現　　　　　　　金	330,000	借　　入　　金	250,000
商　　　　　　　品	120,000	資　　本　　金	200,000
	450,000		450,000

〈×年4月1日から×年4月30日までのデータ〉

4月10日　原価¥20,000の商品を仕入れ，代金は現金で支払った。

　　18日　原価¥50,000の商品を¥85,000で販売し，代金は現金で受け取った。

　　25日　給料¥20,000，支払利息¥5,000を現金で支払った。

（解）

貸　借　対　照　表

××株式会社　　　　　　　　　×年4月30日　　　　　　　　（単位：円）

資　　産	金　　額	負債および資本（純資産）	金　　額
現　　　　　　　金	370,000	借　　入　　金	250,000
商　　　　　　　品	90,000	資　　本　　金	200,000
		繰　越　利　益　剰　余　金	10,000
	460,000		460,000

（注）　期首資本は¥200,000，期末資本は¥210,000であり，増加額¥10,000が当期純利益である。貸借対照表では，当期純利益を繰越利益剰余金に含め，資本金と区分して表示する。

損　益　計　算　書

××株式会社　　　　自×年4月1日　　　至×年4月30日　　　（単位：円）

費　　用	金　　額	収　　益	金　　額
給　　　　　　　料	20,000	商　品　売　買　益	35,000
支　　払　　利　　息	5,000		
当　期　純　利　益	10,000		
	35,000		35,000

■ Training

問題2-1　次の項目を資産・負債・資本・収益・費用に分類し，下の（　　　）に記号で答えなさい。

① 現　　　金　② 借　入　金　③ 資　本　金　④ 受取利息　⑤ 広告宣伝費
⑥ 支払地代　⑦ 売　掛　金　⑧ 給　　　料　⑨ 備　　　品　⑩ 買　掛　金
⑪ 商品売買益　⑫ 貸　付　金　⑬ 建　　　物　⑭ 水道光熱費　⑮ 土　　　地

(1) 資　産　（　　　　　　　　　　）　(4) 収　益　（　　　　　　　　　　）
(2) 負　債　（　　　　　　　　　　）　(5) 費　用　（　　　　　　　　　　）
(3) 資　本　（　　　　　　　　　　）

問題2-2　次の資料から，期首および期末の資本の金額と，当期純利益または当期純損失を求めなさい。

〈期首データ〉

現　金　¥420,000　　土　地　¥820,000　　売掛金　¥120,000　　備　品　¥ 50,000
貸付金　¥250,000　　買掛金　¥200,000　　借入金　¥500,000　　建　物　¥100,000

〈期末データ〉

現　金　¥450,000　　土　地　¥820,000　　売掛金　¥100,000　　備　品　¥ 55,000
貸付金　¥230,000　　買掛金　¥250,000　　借入金　¥400,000　　建　物　¥100,000

期首資本　（¥　　　　　　　　　），期末資本　（¥　　　　　　　　　）

当期純　（　　　　　）（¥　　　　　　　　　）

問題2－3 関西株式会社の×年1月1日における資産および負債は次のとおりである。この資料から関西株式会社の同日の貸借対照表を作成しなさい。資本金は各自計算しなさい。

現　　金　¥ 50,000　　売掛金　¥ 90,000　　商　品　¥200,000　　資本金　¥（　　　　　）

土　　地　¥180,000　　買掛金　¥ 40,000　　借入金　¥150,000

貸　借　対　照　表

（　　　　　）株式会社		×年（　）月（　）日		（単位：円）
資　　　産	金　　額	負債および資本（純資産）	金　　額	

問題2－4 次のデータに基づいて，期間費用，期間収益および当期純損益の金額を答えなさい。なお，当期純損益については，当期純損失の場合には△を金額の前につけなさい。

(1)　商品売買益　¥250,000　　受取地代　¥ 50,000　　通　信　費　¥ 15,000

　　　雑　　　費　¥　5,000　　広告宣伝費　¥150,000

期　間　費　用		期　間　収　益		当期純損益	

(2)　受　取　利　息　¥ 45,000　　商品売買益　¥125,000　　受取手数料　¥ 20,000

　　　旅費交通費　¥ 25,000　　支払家賃　¥100,000　　発　送　費　¥　5,000

期　間　費　用		期　間　収　益		当期純損益	

(3)　商品売買益　¥200,000　　受取家賃　¥ 50,000　　受取利息　¥　5,000

　　　支払手数料　¥150,000　　支払利息　¥ 80,000　　支払家賃　¥ 60,000

期　間　費　用		期　間　収　益		当期純損益	

問題2－5　兵庫株式会社の×年1月1日から×年12月31日までに発生した収益および費用は次のとおりである。上記期間における兵庫株式会社の損益計算書を作成しなさい。

商 品 売 買 益　¥150,000	受 取 家 賃　¥16,000	受 取 利 息　¥5,000
給　　　　　料　¥40,000	支 払 手 数 料　¥6,000	広 告 宣 伝 費　¥30,000
水 道 光 熱 費　¥10,000	通 信 費　¥9,000	消 耗 品 費　¥18,000

損 益 計 算 書

（　　　）株式会社　自×年1月1日　　至×年12月31日　（単位：円）

（　　　　　）	金　　額	（　　　　　）	金　　額

問題2－6　次の表の①から⑮までの欄に入る金額を計算して，記入しなさい。ただし，当期純損益欄では当期純損失には△を金額の前につけなさい。（単位：円）

	(1)	(2)	(3)	(4)	(5)
期 首 資 本	200,000	300,000	⑦	490,000	⑬
期 末 資 産	700,000	770,000	600,000	⑩	710,000
期 末 負 債	430,000	④	⑧	300,000	⑭
期 末 資 本	①	⑤	320,000	⑪	640,000
期 間 収 益	800,000	920,000	⑨	⑫	930,000
期 間 費 用	②	750,000	550,000	600,000	⑮
当 期 純 損 益	③	⑥	70,000	△35,000	140,000

①		②		③		④	
⑤		⑥		⑦		⑧	
⑨		⑩		⑪		⑫	
⑬		⑭		⑮			

問題2-7　次の資料から，×年4月30日時点の貸借対照表と，×年4月1日から×年4月30日までの損益計算書を作成しなさい。

〈×年4月1日の貸借対照表〉

貸 借 対 照 表

××株式会社　　　　　　　　　×年4月1日　　　　　　　　　（単位：円）

資　　　産	金　　額	負債および資本（純資産）	金　　額
現　　　　　金	300,000	借　　入　　金	200,000
商　　　　　品	100,000	資　　本　　金	200,000
	400,000		400,000

〈×年4月1日から×年4月30日までのデータ〉

4月5日　原価¥50,000の商品を仕入れ，代金は現金で支払った。

　10日　原価¥40,000の商品を¥70,000で販売し，代金は現金で受け取った。

　15日　原価¥20,000の商品を掛で仕入れた。

　20日　原価¥30,000の商品を¥50,000で販売し，代金は掛とした。

　25日　給料¥10,000，支払家賃¥5,000，支払利息¥2,000を現金で支払った。

貸 借 対 照 表

××株式会社　　　　　　　　　×年4月30日　　　　　　　　（単位：円）

資　　　産	金　　額	負債および資本（純資産）	金　　額

損 益 計 算 書

××株式会社　　自×年4月1日　　　至×年4月30日　　（単位：円）

費　　　用	金　　額	収　　　益	金　　額

第 3 章

取引と勘定

1 取引の意味

　簿記は企業の経済活動を対象として記録・計算を行う。しかし，簿記は企業の経済活動のすべてを捉えるものではない。簿記は，ある一定の視点から記録・計算の対象を限定する。企業の経済活動のうち，簿記が記録・計算の対象とする事象を**取引**という。

　取引という用語は日常用語としても用いられるので，簿記・会計を学ぶ場合には注意が必要である。なぜなら，簿記上の取引と日常用語としての取引は必ずしも同一ではないからである。次に図示しているように，両者はほとんど同義に使われる場合が多いが，一部の事象については，日常用語としては取引とは言わないけれども簿記上の取引であるものもあれば，逆に日常用語としては取引としてよぶものが簿記上は取引とはみなされないものもある。

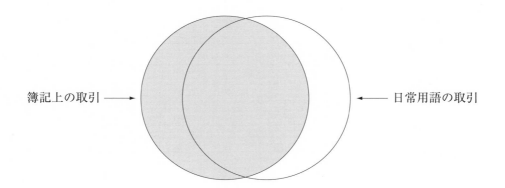

簿記上の取引　→　　　　　　　　　　　　　　←　日常用語の取引

　簿記上の取引（図において塗りつぶされた部分）とは，資産・負債・資本・収益・費用に変動を及ぼす一切の事象をいう。図において塗りつぶされた部分が，簿記上，記録・計算の対象とされる。したがって，資産・負債・資本・収益・費用に変動を及ぼす事象であれば，たとえそれが日常用語では取引とよばれなくても，簿記上は取引となり，記録・計算

の対象となる。店頭の商品が盗難にあった場合を考えてみよう。日常ではこれを取引とはよばないけれども，商品の盗難は簿記上の取引である。商品という資産に変動（価値の減少）が生じたからである。

これとは反対に，日常用語で取引とよばれる事象であっても，資産・負債・資本・収益・費用という要素に変動を及ぼさないものは簿記上の取引ではない。たとえば得意先から商品の注文を受けた場合，通常は商取引が行われたと考えられるが，これは簿記上の取引ではない。注文を受けただけでは商品という資産に変動が生じたわけではないからである。したがって，このような事象は，簿記上，記録・計算の対象とはならない。

例題3-1　次の事象のうち，簿記上でも日常用語でも取引となる事象には○を，簿記上のみで取引となるものには△を，日常用語のみで取引となるものには×をつけなさい。
1．商品￥500を仕入れ，現金で支払った。
2．建物￥1,200が火災のため焼失した。
3．銀行から現金￥300を借り入れた。
4．得意先から商品￥700の注文を受けた。
5．原価￥400の商品を￥600で販売し，代金は掛とした。
（解） 1．○，2．△，3．○，4．×，5．○

2　勘定：簿記上の計算の場

簿記では取引を対象として企業活動を認識し，記録・計算を行う。簿記上の計算にあたって，**勘定**（account; a/c）とよばれる簿記固有の計算の場ないしは単位が用いられる。勘定の正式な形式（総勘定元帳の形式）は第5章で解説するが，一般には簡略型としてTフォーム（T型）とよばれる次のような表記がしばしば用いられる。

借　　方	貸　　方

上のT型の形式において，左側の場を**借方**（debit; Dr.）とよび，右側を**貸方**（credit; Cr.）とよぶ。現在では，借方・貸方というよび方は勘定の左側と右側を表す形式上の用語であるから，借とか貸という漢字それ自体の意味にとらえないよう注意してほしい。

3　勘定による計算

日常，加算・減算を行う場合には，**階梯式計算**とよばれる，いわゆるハシゴ算の形式が用いられる。これに対して，簿記上で加算・減算を行う場合には勘定が用いられる。勘定

による計算形式は**勘定式計算**とよばれ，通常の階梯式計算とはまったく異なる処理が行われる。すなわち，階梯式計算では加算・減算は一体として計算処理されるのに対して，勘定式計算では加算と減算は別々の場において処理される。これをもう少し具体的に説明すると，T型の一方の場（たとえば左側の借方）において加算をすべてまとめて計算処理するとすれば，減算はもう一方の場（右側の貸方）においてまとめて計算処理される。つまり，借方（左側）と貸方（右側）のそれぞれの数値を加算し，その後，両方の場の合計が同数となる（すなわち，借方の合計と貸方の合計が一致する）ためには，不足している場（借方の合計＞貸方の合計の場合には貸方，借方の合計＜貸方の合計の場合には借方）にいくら加算すればよいかを考える。両方の場が同数になるために加算すべき数を**残高**とよび，これが勘定による加算・減算の解となる。このような勘定による計算は，通常，加算的減算とよばれる。

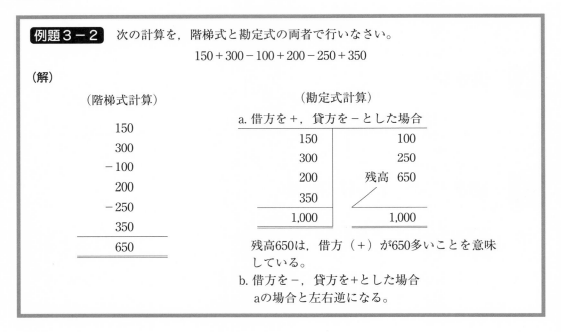

例題3－2　　次の計算を，階梯式と勘定式の両者で行いなさい。

$$150 + 300 - 100 + 200 - 250 + 350$$

（解）

（階梯式計算）

```
        150
        300
      − 100
        200
      − 250
        350
      ────────
        650
      ════════
```

（勘定式計算）

a. 借方を＋，貸方を−とした場合

150		100
300		250
200	残高	650
350		
1,000		1,000

残高650は，借方（＋）が650多いことを意味している。

b. 借方を−，貸方を＋とした場合
　aの場合と左右逆になる。

4　勘定科目と勘定口座

　簿記で記録・計算される数は金額数値である。つまり，取引として認識された事象（資産・負債・資本の金額的な増減，ならびに収益・費用の金額的な発生または消滅）が対象となる。そして，記録・計算にあたっては，資産・負債・資本・収益・費用という大きな要素区分ではなく，それぞれの要素の内容を細かく分けて勘定計算を行う。このような形で細かく区分して各勘定に付された名称を**勘定科目**という。もう少し具体的にいうと，資産は現金，売掛金，商品，建物，備品といった勘定科目に細分され，負債は買掛金や借入金に，そして資本は資本金に，それぞれ区分して簿記上の計算処理が行われる。なお，勘定科目

の詳細については「商工会議所簿記検定試験 商業簿記標準・許容勘定科目表」を参照することが望ましい。この許容勘定科目表は，商工会議所簿記検定試験における仕訳問題（仕訳に関しては第4章で学習する）について，採点上許容される主要な勘定科目を示している。

　次に，簿記上の計算の場ないしは単位である勘定に勘定科目名をつけたものが**勘定口座**である。たとえば，現金の増減を記録・計算する勘定口座は次のように設けられる。

（借方）　　　　　　現　　　金　　　　　　（貸方）

　勘定口座は，一般に，それに対して付された勘定科目名をもって，たとえば現金の場合，現金勘定とよばれる。

5　勘定記録のルール

　簿記では，勘定口座に個々の取引が記録される。記録にあたっては，借方（左側）・貸方（右側）のいずれか一方をプラスの記録・計算の場とし，他方をマイナスの記録・計算の場とする。借方・貸方のいずれがプラスで，いずれがマイナスかは，資産・負債・資本・収益・費用の各要素別に次のように定まっている。

資　　産		負　　債		資　　本	
増加（＋）	減少（－）	減少（－）	増加（＋）	減少（－）	増加（＋）

収　　益		費　　用	
消滅（－）	発生（＋）	発生（＋）	消滅（－）

　この記入上のルールはすべての勘定口座に適用される。たとえば，現金勘定の場合，現金は資産に属する勘定科目であるから，入金という事象が生じた場合，それは現金が増加したことを意味するから，その記録は現金勘定の借方（左側）に行われる。これとは逆に，出金という事象が生じた場合には，それは現金が減少したことを意味するから，その記録は現金勘定の貸方（右側）に行われる。他の要素に属する勘定も同様に，それぞれが属する要素の勘定記録のルールに従って記録されることになる。

例題3－3　次の取引を勘定口座に記録しなさい。

1. 会社設立に際して株式を発行し，¥3,000,000の払込みを受け，これを当座預金とした。資本金には全額を組み入れた。
2. 銀行から現金¥3,000を借り入れた。
3. 商品¥700を現金で仕入れた。
4. 原価¥400の商品を¥600で売り上げ，代金は掛とした。
5. 今月分の給料¥100を現金で支払った。
6. 借入金のうち¥250を現金で返済した。

(解)（○数字は取引番号を示している。）

現　　金				当座預金			売　掛　金	
②	3,000	③	700	①	3,000,000	④	600	
		⑤	100					
		⑥	250					

商　　品				借　入　金			資　本　金	
③	700	④	400	⑥	250	②	3,000	①	3,000,000

商品売買益		給　　料	
	④	200	
⑤	100		

■ Training

問題3－1　次の事象のうち，簿記上の取引となるものはどれか。該当する番号を列挙しなさい。

(1) 従業員に対して給料¥170,000を現金で支払った。
(2) 銀行から現金¥30,000を借り入れた。
(3) 倉庫¥4,500,000が火災のため焼失した。
(4) 備品¥305,000を購入し，代金を現金で支払った。
(5) 商品¥50,000の注文を受けた。
(6) 現金¥100,000を銀行に預け入れた。
(7) 商品¥50,000が盗難にあった。

該当番号：

問題3-2　次に示した各要素について，その増加または発生は借方，貸方のいずれに記録されるのかを解答欄に記入しなさい。

(1) 資　産　　(2) 負　債　　(3) 資　本　　(4) 収　益
(5) 費　用

(1)		(2)		(3)		(4)	
(5)							

問題3-3　勘定記録のルールに従い，次の各勘定口座の（　）の中に「増加」，「減少」，「発生」，「消滅」のいずれかの語句を記入しなさい。

売　掛　金		資　本　金	
（　　　　）	（　　　　）	（　　　　）	（　　　　）

備　　　品		建　　　物	
（　　　　）	（　　　　）	（　　　　）	（　　　　）

借　入　金		買　掛　金	
（　　　　）	（　　　　）	（　　　　）	（　　　　）

給　　　料		支　払　家　賃	
（　　　　）	（　　　　）	（　　　　）	（　　　　）

商　品　売　買　益		受　取　手　数　料	
（　　　　）	（　　　　）	（　　　　）	（　　　　）

水　道　光　熱　費		受　取　利　息	
（　　　　）	（　　　　）	（　　　　）	（　　　　）

問題3－4 次の取引を勘定口座に記録しなさい。なお，勘定口座への記入は(1)～(6)のうち該当する問題番号と金額のみでよい。

(1) 会社設立に際して株式を発行し，その払込金額￥3,000,000を当座預金とした。資本金には全額を組み込んだ。
(2) 銀行から現金￥100,000を借り入れた。
(3) 商品￥30,000を現金で仕入れた。
(4) 原価￥15,000の商品を￥30,000で売り上げ，代金は掛とした。
(5) 今月分の家賃￥26,000を現金で支払った。
(6) 借入金のうち￥35,000を現金で返済した。

現　　金		当 座 預 金	

売 　掛　 金		商　　品	

借 　入 　金		資 　本 　金	

商 品 売 買 益		支 払 家 賃	

第 4 章

仕訳と転記

1 取引の8要素

簿記上の取引の記録にあたっては，第3章で学習した勘定記録のルールから，必ず借方となる要素と，必ず貸方になる要素とがある。そして，借方の要素と貸方の要素は次のとおりであり，取引の記録は，**借方の要素**と**貸方の要素**の組み合わせを分析して行われる。

（借方の要素）	（貸方の要素）
資 産 の 増 加	資 産 の 減 少
負 債 の 減 少	負 債 の 増 加
資 本 の 減 少	資 本 の 増 加
費 用 の 発 生	収 益 の 発 生

勘定記録のルールから，厳密にはこの他に，借方の要素として収益の消滅と貸方の要素として費用の消滅とがある。ところが，資産・負債・資本の増加・減少は一般的に生起するのに対し，収益・費用の消滅は収益・費用の発生の取り消しとして生起することが多い。したがって，通常は8つの要素として説明される。また，原則として，費用の発生と収益の発生が同時に生起することはない。そこで，この2つの要素の組み合わせはないと理解しておいてよい。

2 貸借平均の原理

取引の8要素に従って取引を分析する際，基本となるのが**貸借平均の原理**（貸借一致の原則）である。貸借平均の原理とは，取引の分析にあたって，借方の金額と貸方の金額とが一致することである。なお，借方の要素と貸方の要素は各々1つずつとは限らない。いずれかが複数あるいは両者が複数の取引も生起する。そのような場合でも，借方・貸方の合計金額は一致するのである。

3 　仕　訳

　簿記上，損益計算書や貸借対照表などの財務諸表は，勘定記録を基礎として作成される。ところが，取引を直接，勘定口座に記録すると，勘定科目ごとの増加・減少，発生・消滅の内容は把握できても，取引の時間的経過，すなわち，取引の発生順の内容は把握できない。それとともに，取引を直接，勘定に記録すると，記録ミスがあっても，それを取引の原始記録にさかのぼって確認・訂正するのに困難を伴う。したがって，取引が発生するごとに，借方の要素と貸方の要素を個別・発生順に記録しておくとよい。

　そこで取引が発生するごとに，取引の8要素を分析し，借方の勘定科目が何で，増加・減少ないしは発生・消滅の金額がいくらか，また，貸方の勘定科目が何で，増加・減少ないしは発生・消滅の金額がいくらかを認識・決定することを**仕訳**という。仕訳にあたっては，借方・貸方の増加・減少ないしは発生・消滅を各々の勘定科目と金額でとらえる。

例題4－1　　次の取引を仕訳しなさい。

4月1日　株式を発行し，現金¥1,500の払込みを受け，全額を資本金とした。

（借方）現　　金　　1,500　　（貸方）資　本　金　　1,500
〔資産の増加〕　　　　　　　　　〔資本の増加〕

　2日　商品¥700を現金で仕入れた。

（借方）商　　品　　700　　（貸方）現　　金　　700
〔資産の増加〕　　　　　　　　　〔資産の減少〕

　3日　銀行から現金¥300を借り入れた。

（借方）現　　金　　300　　（貸方）借　入　金　　300
〔資産の増加〕　　　　　　　　　〔負債の増加〕

　4日　原価¥400の商品を¥600で売り上げ，代金は掛とした。

（借方）売　掛　金　　600　　（貸方）商　　品　　400
〔資産の増加〕　　　　　　　　　〔資産の減少〕

　　　　　　　　　　　　　　　　　商品売買益　　200
　　　　　　　　　　　　　　　　　〔収益の発生〕

　5日　今月分の給料¥100を現金で支払った。

（借方）給　　料　　100　　（貸方）現　　金　　100
〔費用の発生〕　　　　　　　　　〔資産の減少〕

　6日　借入金のうち¥250を現金で返済した。

（借方）借　入　金　　250　　（貸方）現　　金　　250
〔負債の減少〕　　　　　　　　　〔資産の減少〕

---

4 転 記

　仕訳の後，この仕訳記録をもとにして勘定口座への記録を行う。この手続を，**転記**とよぶ。仕訳記録上で借方の勘定科目と金額は，当該勘定口座の借方に，また，貸方の勘定科目と金額は，当該勘定口座の貸方に転記される。これらの手続から，取引の発生順・歴史的記録としての仕訳記録と，損益計算書や貸借対照表などの財務諸表作成の基礎となる勘定記録の両者を保持することが可能となる。

　（例）　５月１日　商品￥10,000を買い入れ，代金は掛とした。

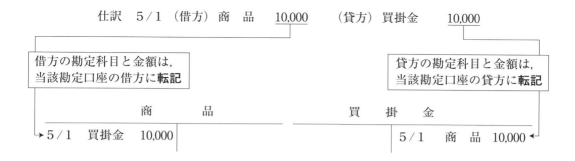

仕訳　5／1　（借方）商品　10,000　　　（貸方）買掛金　10,000

借方の勘定科目と金額は，当該勘定口座の借方に**転記**

貸方の勘定科目と金額は，当該勘定口座の貸方に**転記**

商 品	
5／1　買掛金　10,000	

買 掛 金	
	5／1　商 品　10,000

例題4-2　例題4-1の仕訳を勘定口座に転記しなさい。なお，勘定口座への記入は日付，相手勘定科目，金額を記入しなさい。

（解）

現 金			
4／1　資本金　1,500	4／2　商 品　700		
3　借入金　300	5　給 料　100		
	6　借入金　250		

売 掛 金	
4／4　諸 口　600	

*「諸口」については31ページ参照。

商 品	
4／2　現 金　700	4／4　売掛金　400

借 入 金	
4／6　現 金　250	4／3　現 金　300

資 本 金	
	4／1　現 金　1,500

商品売買益	
	4／4　売掛金　200

給 料	
4／5　現 金　100	

Training

問題4－1　次の取引を仕訳し，勘定口座へ転記しなさい。なお，勘定口座への記入は日付，相手勘定科目，金額を記入しなさい。

5/5　株式を発行し，現金￥1,000,000の払込みを受け全額を資本金とした。

8　備品￥50,000を買い入れ，代金は現金で支払った。

10　商品￥500,000を現金で仕入れた。

15　原価￥80,000の商品を￥120,000で売り渡し，代金は掛とした。

23　売掛金のうち￥60,000を現金で受け取った。

31　今月分の給料￥500,000を現金で支払った。

	借　方　科　目	金　　額	貸　方　科　目	金　　額
5／5				
8				
10				
15				
23				
31				

現　　　　金

売　　掛　　金

備　　　　品

商　　　　品

商　品　売　買　益

資　　本　　金

給　　　　料

問題4－2　次の取引を仕訳しなさい。

5/1　株式を発行し，現金￥2,000の払込みを受け，備品￥300，建物￥1,000は現物出資を受け全額を資本金とした。

2　商品￥500を仕入れ，代金のうち￥300は現金で支払い，残りは掛とした。

3　現金￥500を貸し付けた。

  8　原価￥150の商品を￥300で売り渡し，代金は掛とした。

11　買掛金￥200を現金で支払った。

20　売掛金￥300を現金で受け取った。

25　今月分の給料￥100を現金で支払った。

31　貸付金￥500と，その利息￥10を現金で受け取った。

	借　方　科　目	金　　額	貸　方　科　目	金　　額
5／1				
2				
3				
8				
11				
20				
25				
31				

問題4－3　問題4－2の仕訳を勘定口座に転記しなさい。

現　　　　金　　　　　　　　　　　売　　掛　　金

貸　　付　　金

商　　　　品　　　　　　　　　　　備　　　　品

建　　　　物　　　　　　　　　　　買　　掛　　金

資　　本　　金　　　　　　　　　　商　品　売　買　益

受　取　利　息　　　　　　　　　　給　　　　料

第5章

仕訳帳と総勘定元帳

1　仕訳帳

　簿記はもともと「帳簿記入」の略称であるといわれるように，簿記の記録は各種の帳簿に記入される。第4章で説明した仕訳を記入する帳簿は**仕訳帳**とよばれる。仕訳帳は，取引を発生順に仕訳し，記入する帳簿である。仕訳帳の形式は以下のとおりである。

	仕　　訳　　帳			1
×年	摘　　　　　要	元丁	借　方	貸　方

2　総勘定元帳

　企業のすべての勘定口座を設けた帳簿を，**総勘定元帳**（単に元帳とよばれることもある）という。仕訳帳における取引の記録はすべて，総勘定元帳の各勘定口座に転記される。

　仕訳帳は，企業の取引の発生順（時間順）の記録であるのに対して，総勘定元帳は，取引の勘定科目ごとの記録である。損益計算書や貸借対照表などの財務諸表は，総勘定元帳の各勘定口座の記録を基礎として作成される。

　仕訳帳と総勘定元帳は，企業が簿記処理を行うにあたって，必ず設けなければならない帳簿であり，**主要簿**とよばれる。必要に応じて設けられるその他の帳簿は**補助簿**とよばれる。

　総勘定元帳に設けられる勘定口座の形式には，次ページの標準式と残高式の2種類がある。

（標準式）

<td colspan="13" align="center">勘 定 科 目　　　　　　　　　　　　　　　1</td>												
×年	摘　　要	仕丁	借　方	×年	摘　　要	仕丁	貸　方					

（残高式）

<td colspan="7" align="center">勘 定 科 目　　　　　　　　　　　　　　1</td>						
×年	摘　　　　　要	仕丁	借　方	貸　方	借／貸	残　　高

（注）勘定科目と書かれているところには実際の勘定科目名（たとえば，現金，売掛金など）が記載される。

　簿記の学習上，一般に用いられるのは，標準式の総勘定元帳である。第3章以降用いているTフォームは，標準式を簡略化したもので，あくまでも学習用の便法であるにすぎない。

3　仕訳帳の記入と総勘定元帳への転記

　各取引は，まず仕訳帳に記録され，次に，総勘定元帳に転記される。例題5−1を用いて，仕訳帳への記入方法と総勘定元帳への転記方法を説明する。

> **例題5−1**　次の取引の仕訳を仕訳帳に記入し，総勘定元帳に転記しなさい。
> 5月1日　株式を発行し，現金￥1,500の払込みを受け，全額を資本金とした。
> 　　10日　商品￥750を仕入れ，代金のうち￥400は現金で支払い，残額は掛とした。
> 　　20日　広告宣伝費￥200と雑費￥100を現金で支払った。
> 　　30日　原価￥600の商品を￥850で売り上げ，代金のうち￥350は現金で受け取り，残額は掛とした。
> （注）仕訳帳の右上の数字は，仕訳帳のページ番号である。紙幅の関係上，仕訳帳の2ページの頭書（見出し）を省略している。なお，章末問題における仕訳帳に引いてある横方向の点線は，記入の便宜を図るための行取りの線であり，仕訳帳の形式とはかかわりがない。

(解)

仕　訳　帳　　　　　　1

×年		摘　　　　　要	元丁	借　方	貸　方
5	1	（現　　　金）	1	1,500	
		（資　本　金）	5		1,500
		株主から出資を受け会社を設立			
	10	（商　　品）　　諸　　口	3	750	
		（現　　　金）	1		400
		（買　掛　金）	4		350
		商品仕入			
	20	諸　　口　　（現　　　金）	1		300
		（広告宣伝費）	7	200	
		（雑　　　費）	8	100	
		諸経費支払			
		次ページ繰越	✓	2,550	2,550

仕　訳　帳　　　　　　2

×年		摘　　　　　要	元丁	借　方	貸　方
		前ページ繰越	✓	2,550	2,550
5	30	諸　　口　　　諸　　口			
		（現　　　金）	1	350	
		（売　掛　金）	2	500	
		（商　　品）	3		600
		（商品売買益）	6		250
		一部掛にて商品売上			

総　勘　定　元　帳

現　　　金　　　　　　1

×年		摘　　要	仕丁	借　方	×年		摘　　要	仕丁	貸　方
5	1	資　本　金	1	1,500	5	10	商　　品	1	400
	30	諸　　口	2	350		20	諸　　口	1	300

売　　掛　　金　　　　　　2

×年		摘　　要	仕丁	借　方					
5	30	諸　　口	2	500					

商　　　　品　　　　　　3

×年		摘　　要	仕丁	借　方	×年		摘　　要	仕丁	貸　方
5	10	諸　　口	1	750	5	30	諸　　口	2	600

買　　掛　　金　　　　　　4

					×年		摘　　要	仕丁	貸　方
					5	10	商　　品	1	350

					資　本　金				5
					5	1	現　　金	1	1,500

					商　品　売　買　益				6
					5	30	諸　　口	2	250

				広　告　宣　伝　費					7
5	20	現　　金	1	200					

				雑　　費					8
5	20	現　　金	1	100					

　仕訳帳の記入にあたっては，まず，取引の日付を記入する。日付のうち，月は実際に月が変わるか，仕訳帳のページが変わらない限り，ふたたび書く必要はない。また，同一の日付で2組以上の仕訳がある場合には，2組目からの日の記入は，繰り返し記号（〃）を使う。

　仕訳の記入にあたっては，必ず借方の勘定科目と金額から記入する。借方の勘定科目は，摘要欄の中央より左側に記入する。貸方の勘定科目は，摘要欄の中央より右側に記入する。手書きで記入する場合には，勘定科目をカッコで囲む。ゴム印などを使用する場合にはカッコで囲む必要はない。仕訳を記入した後，簡単な取引の内容を記入する。これを**小書き**（こがき）という。一組の仕訳を記入し終わったら，次の仕訳と区別するために，摘要欄にのみ一本線を引く。この線は，その仕訳が当該ページに最後に記入される仕訳である場合には引かなくてよい。元丁欄は，仕訳を総勘定元帳に転記する際に用いる。

　複数の勘定科目がある場合には，勘定科目の記入に先だって，複数の勘定口座という意味の**諸口**（しょくち）という文字を入れる。なお，例題5－1の10日（20日）の取引のように，貸方（借方）の勘定科目が複数で借方（貸方）の勘定科目が1つの場合，借方（貸方）の勘定科目は1行目に書かれる。これは，貸方（借方）の勘定科目の次の行に借方（貸方）の勘定科目を記入すると，1行目の金額欄が自動的に空白になるので，それを防止するためである。簿記では，記録の改ざんその他の不正を防止するため，できるだけ空白部分を減らす方式がとられる。

　一組の仕訳は必ず同じページに記入する。もし，一組の仕訳を記入するために必要な余地がなければ，空白行を飛ばして最終行に借方と貸方それぞれの合計金額を記入し，次のページに繰り越す。合計金額を記入するにあたっては，金額欄に集計線（一本線）を引く。なお，飛ばした行がある場合には，当該行の摘要欄の右部分に斜線を引き，集計線を延長する。

　勘定口座の右上の数字は，総勘定元帳のページ番号である。一般に，1つのページに2つ以上の勘定口座が設けられることはない。1つの勘定口座には，少なくとも独立したページが割り当てられる。紙幅の関係上，総勘定元帳の2ページ以下の頭書（摘要や借方などの見出し）を省略している。

　総勘定元帳の勘定口座への記入は，仕訳帳からの転記によって行われる。仕訳帳の借方

記録は，当該勘定口座の借方に，貸方記録は当該勘定口座の貸方に転記される。仕訳帳からの転記の確認のため，仕訳帳の元丁欄と総勘定元帳の仕丁欄を使用する。元丁とは総勘定元帳のページ番号を意味し，仕丁とは仕訳帳のページ番号を意味する。仕訳帳の元丁欄には当該仕訳を転記した先の総勘定元帳のページ番号を記入する。総勘定元帳の仕丁欄には転記した仕訳が書かれていた仕訳帳のページ番号を記入する。なお，仕訳帳を次のページに繰り越す場合の繰越行の元丁欄には，借方と貸方の合計金額が正しいことを確認して，チェックマーク（✓）を記入する。

　総勘定元帳の勘定口座の摘要欄に記入されているのは，仕訳における当該勘定口座の相手勘定科目である。たとえば，5月20日の広告宣伝費勘定の借方の摘要欄に記入されている現金は，以下の仕訳における広告宣伝費の相手勘定科目である現金を意味している。

（借方）広 告 宣 伝 費	200	（貸方）現 　 　 金	200

　このような摘要欄の記入は，勘定記録だけでも取引の内容がわかるようにすることを意図している。仕訳と転記のルールを正しく理解すれば，例題5−2の総勘定元帳の勘定の記録から，取引の仕訳をすることができるようになる。

　ただし，たとえば，例題5−1の売掛金勘定における5月30日の記録のように，仕訳における売掛金の相手勘定科目が複数の場合，摘要欄には諸口と記入されるので，実際の相手勘定科目はわからない。

例題5−2　次の勘定口座に記録されている4つの取引の仕訳を推定しなさい。

現　　　金　　　　　　1

×年		摘　　　要		仕丁	借　　方	×年		摘　　　要		仕丁	貸　　方
4	1	資 本 金		1	2,000	4	15	商 　 品		1	800
	21	諸 　 口		2	650		25	給 　 料		1	300

給　　　料　　　　　　8

×年		摘　　　要		仕丁	借　　方	×年		摘　　　要		仕丁	貸　　方
4	25	現 　 金		1	300						

（解）

4月1日　（借方）現 　 　 金　2,000　　（貸方）資 本 金　2,000

　　15日　（借方）商 　 　 品　800　　（貸方）現 　 　 金　800

　　21日　借方の勘定科目は現金であるが，貸方の勘定科目が不明のため，仕訳を推定することはできない。

　　25日　（借方）給 　 　 料　300　　（貸方）現 　 　 金　300

Training

問題5－1　次の取引の仕訳を仕訳帳に記入しなさい。

5月2日　商品¥3,000を現金で仕入れた。

　　5日　原価¥2,000の商品を甲山株式会社に¥2,700で売り上げ，代金のうち¥1,500は現金で受け取り，残額は掛とした。

　　11日　銀行より現金¥5,000を借り入れた。

　　15日　水道光熱費¥1,000と雑費¥200を現金で支払った。

　　20日　甲山株式会社より売掛金¥1,200を現金で回収した。

	仕　訳　帳			5	
×年	摘　　　　　要	元丁	借　方	貸　方	
	前ページ繰越	✓	7,950	7,950	

問題5－2　次の取引の仕訳を仕訳帳に記入し，総勘定元帳に転記しなさい。

6月1日　株式を発行し，現金￥2,000の払込みを受け，全額を資本金とした。

15日　クレセント社より商品￥1,000を仕入れ，代金の半分を現金で支払い，残額は掛とした。

21日　広告宣伝費￥100と水道光熱費￥200を現金で支払った。

25日　原価￥500の商品を￥700で仁川株式会社に売り上げ，代金のうち￥400は現金で受け取り，残額は掛とした。

<table>
<tr><td colspan="6" align="center">仕　訳　帳</td><td align="right">1</td></tr>
<tr><td>×年</td><td colspan="2" align="center">摘　　要</td><td>元丁</td><td>借　方</td><td>貸　方</td></tr>
<tr><td></td><td></td><td></td><td></td><td></td><td></td></tr>
<tr><td></td><td></td><td></td><td></td><td></td><td></td></tr>
<tr><td></td><td></td><td></td><td></td><td></td><td></td></tr>
<tr><td></td><td></td><td></td><td></td><td></td><td></td></tr>
<tr><td></td><td></td><td></td><td></td><td></td><td></td></tr>
<tr><td></td><td></td><td></td><td></td><td></td><td></td></tr>
<tr><td></td><td></td><td></td><td></td><td></td><td></td></tr>
<tr><td></td><td></td><td></td><td></td><td></td><td></td></tr>
<tr><td></td><td></td><td></td><td></td><td></td><td></td></tr>
<tr><td></td><td></td><td></td><td></td><td></td><td></td></tr>
<tr><td></td><td></td><td></td><td></td><td></td><td></td></tr>
<tr><td></td><td></td><td></td><td></td><td></td><td></td></tr>
<tr><td></td><td></td><td></td><td></td><td></td><td></td></tr>
<tr><td></td><td></td><td></td><td></td><td></td><td></td></tr>
</table>

総 勘 定 元 帳

現　　金　　　　　1

×年	摘　　要	仕丁	借　方	×年	摘　　要	仕丁	貸　方

売　掛　金　　　　2

商　　品　　　　　3

買　掛　金　　　　4

資　本　金　　　　5

商 品 売 買 益　　6

広 告 宣 伝 費　　7

水 道 光 熱 費　　8

問題5－3　次の取引の仕訳を仕訳帳に記入し，総勘定元帳に転記しなさい。

9月1日　株式を発行し，現金￥5,000の払込みを受け，全額を資本金とした。

7日　備品￥350を現金で購入した。

〃日　銀行から￥1,000を借り入れた。

13日　商品￥2,700を仕入れ，代金のうち￥2,000は現金で支払い，残額は掛とした。

19日　原価￥1,500の商品を￥2,500で売り上げ，代金のうち￥1,300は現金で受け取り，残額は掛とした。

20日　広告宣伝費￥500と水道光熱費￥300を現金で支払った。

<table>
<tr><td colspan="6" align="center">仕　訳　帳</td><td align="right">1</td></tr>
<tr><td colspan="2" align="center">×年</td><td align="center">摘　　　　要</td><td>元丁</td><td align="center">借　方</td><td align="center">貸　方</td></tr>
<tr><td></td><td></td><td></td><td></td><td></td><td></td></tr>
<tr><td></td><td></td><td></td><td></td><td></td><td></td></tr>
<tr><td></td><td></td><td></td><td></td><td></td><td></td></tr>
<tr><td></td><td></td><td></td><td></td><td></td><td></td></tr>
<tr><td></td><td></td><td></td><td></td><td></td><td></td></tr>
<tr><td></td><td></td><td></td><td></td><td></td><td></td></tr>
<tr><td></td><td></td><td></td><td></td><td></td><td></td></tr>
<tr><td></td><td></td><td></td><td></td><td></td><td></td></tr>
<tr><td></td><td></td><td></td><td></td><td></td><td></td></tr>
<tr><td></td><td></td><td></td><td></td><td></td><td></td></tr>
<tr><td></td><td></td><td></td><td></td><td></td><td></td></tr>
<tr><td></td><td></td><td></td><td></td><td></td><td></td></tr>
<tr><td></td><td></td><td></td><td></td><td></td><td></td></tr>
<tr><td></td><td></td><td></td><td></td><td></td><td></td></tr>
<tr><td></td><td></td><td></td><td></td><td></td><td></td></tr>
<tr><td></td><td></td><td></td><td></td><td></td><td></td></tr>
<tr><td></td><td></td><td></td><td></td><td></td><td></td></tr>
</table>

仕　　訳　　帳　　　　　　2

×年	摘　　　　要	元丁	借　方	貸　方

総　勘　定　元　帳

現　　　　　金　　　　　　1

×年	摘　要	仕丁	借　方	×年	摘　要	仕丁	貸　方

売　掛　金　　　　　　2

商　　品　　　　　　3

備　　品　　　　　　4

買　掛　金　　　　　　5

借　入　金　　　　　　6

資　本　金　　　　　　7

商　品　売　買　益　　　　　　8

広　告　宣　伝　費　　　　　　9

水　道　光　熱　費　　　　　　10

問題5−4　次の仕訳帳と総勘定元帳の空欄を埋めて，それぞれを完成しなさい。なお，仕訳帳の小書きは省略している。

仕　訳　帳　　　　　　　3

×年		摘　　　　　要	元丁	借　方	貸　方
		前ページ繰越	✓	15,000	15,000
6	1	（現　　金）	1	2,500	
		（資　本　金）	6		2,500
	2	（　　　　　）	（　）	1,000	
		（現　　　金）	1		1,000
	5	（商　　品）	3	500	
		（買　掛　金）	5		500
	14	（商　　品）	（　）	（　　　）	
		（　　　　　）	（　）		500
	15	（商　　品）　　諸　　口	3	1,500	
		（現　　　金）	1		（　　　）
		（　　　　　）	（　）		1,000
	20	（売　掛　金）　　諸　　口	2	1,000	
		（商　　　品）	（　）		800
		（　　　　　）	（　）		（　　　）
	25	（給　　料）	9	（　　　）	
		（　　　　　）	（　）		100
	30	（現　　金）　　諸　　口	1	1,050	
		（貸　付　金）	（　）		（　　　）
		（　　　　　）	（　）		50

総 勘 定 元 帳

現　　金　　　　　1

×年		摘　要	仕丁	借　方	×年		摘　要	仕丁	貸　方
6	1	資　本　金	3	2,500	6	2	貸　付　金	3	1,000
	30	（　　　）	（　）	（　　　）		14	（　　　）	（　）	500
						15	（　　　）	（　）	500
						25	（　　　）	（　）	100

売　掛　金　　　　　2

6	20	（　　　）	（　）	（　　　）					

商　　品　　　　　3

6	5	買　掛　金	3	500	6	20	（　　　）	（　）	（　　　）
	14	（　　　）	（　）	500					
	15	（　　　）	（　）	（　　　）					

貸　付　金　　　　　4

6	2	（　　　）	（　）	1,000	6	30	（　　　）	（　）	1,000

買　掛　金　　　　　5

					6	5	商　　品	3	500
						15	（　　　）	（　）	1,000

資　本　金　　　　　6

					6	1	現　　金	3	2,500

商　品　売　買　益　　　　　7

					6	20	（　　　）	（　）	200

受　取　利　息　　　　　8

					6	30	（　　　）	（　）	50

給　　料　　　　　9

6	25	（　　　）	（　）	100					

試算表と精算表

⬛1　試算表

　日々の取引から財務諸表を作成するにあたり，仕訳帳から総勘定元帳への転記に誤りがないかを検算するために，**試算表**（Trial Balance；T/B）を作成する。また，試算表は，総勘定元帳のすべての勘定口座の記録が集計されるので，勘定記録の集計・一覧機能も有している。実際の企業の取引は多岐にわたり，総勘定元帳の記録は何ページにもわたる膨大なものとなるため，すべての勘定口座の記録内容を一覧することは難しい。そこで，すべての勘定口座の記録を集計して，試算表を作成し，一覧表示することが重要となる。

　試算表には，形式上，(1)合計試算表，(2)残高試算表，(3)合計残高試算表，の３つがある。

(1)　合計試算表

　合計試算表の形式は，次のとおりである。

合　計　試　算　表

借　　　　　方	元丁	勘　定　科　目	貸　　　　　方

　勘定科目欄には，総勘定元帳のすべての勘定口座の勘定科目名を記入する。元丁欄には，総勘定元帳における当該勘定口座のページ番号を記入する。借方欄には各勘定口座の借方合計額を，貸方欄には各勘定口座の貸方合計額を記入する。

　貸借平均の原理により，仕訳帳の仕訳は借方と貸方の金額が必ず一致し，それを総勘定元帳に転記するときも，必ず借方・貸方で同じ金額を各勘定口座に記録していく。そのため，総勘定元帳のすべての勘定口座の借方の合計金額と貸方の合計金額は一致するはずである。合計試算表は，この点に着目して，転記の正否を検算するのである（例題6-1）。

　試算表の集計にあたっては，借方・貸方それぞれの欄に集計線（一本線）を引き，合計する。借方合計金額と貸方合計金額が一致したことを確認したら，合計数値の下に締切線（二本線）を引く。

　合計試算表では，借方・貸方の最終合計金額は，仕訳帳の最終合計金額に一致する。それが一致しなければ，転記に誤りがある（転記忘れ，二重転記など）。ただし，一致した場合でも，転記が正しいとは限らないこともある（借方と貸方を間違えた転記など）。とはいえ，合計試算表では，借方・貸方の金額の一致と，合計試算表・仕訳帳の合計金額の一致という，二重の検算をすることができる（次の残高試算表では，二重の検算はできない）。

(2)　残高試算表

　残高試算表の形式は，次のとおりである。形式は，合計試算表と同じである。

残 高 試 算 表

借　　　　方	元丁	勘 定 科 目	貸　　　　方

　勘定科目欄と元丁欄は，合計試算表と同様に記入する。ただし，借方・貸方の欄には，総勘定元帳の勘定口座の残高金額を記入する。残高とは借方金額と貸方金額の差額で，借方と貸方を比較し，借方が多い場合は借方残高，貸方が多い場合は貸方残高となる。たとえば，現金勘定と買掛金勘定が次のようであった場合，現金勘定は借方残高で¥1,900，買掛金勘定は貸方残高で¥2,900である。

現	金
9,500	7,600

買 掛	金
2,600	5,500

　各勘定口座の残高を求めるにあたっては，貸借同じ金額を控除するため，借方残高の合計と貸方残高の合計は必ず一致する。残高試算表は，すべての勘定口座の残高の合計が，借方と貸方とで一致することを利用して，転記の正否を検算しようとするものである（例題6-2）。

　残高試算表を作成してみると，資産と費用は必ず借方残高，負債，資本，収益は必ず貸方残高となっていることがわかる。たとえば，現金（資産）¥10,000を持っていれば，その範囲内でしか支払うことができないため，常に借方残高となる（貸方残高であれば，¥10,000を超える金額を使ったことを意味するが，それは不可能である）。一方，¥100,000の借入金については，利息の支払いを除けば，元本の¥100,000に達するまでの金額を返済していくのであり，それを越える金額を返済する必要はないため，常に貸方残高となる（借方残高であれば，元本を超える金額を返済したことになってしまう）。

(3)　合計残高試算表

　合計残高試算表の形式は，次のとおりである。合計残高試算表は，合計試算表と残高試算表を１つの表にしたものである（例題6-3）。

合 計 残 高 試 算 表

借　　方		元丁	勘定科目	貸　　方	
残　　高	合　　計			合　　計	残　　高

　合計試算表，残高試算表，合計残高試算表を作成する流れを示すと，次のとおりである。

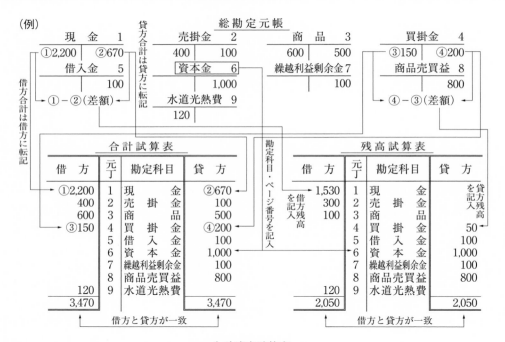

合計試算表と残高試算表を一表で表示

例題6－1　次の総勘定元帳の記録から，合計試算表を作成しなさい。なお，各勘定口座の借方・貸方の金額は，借方・貸方それぞれの合計数値である。

総 勘 定 元 帳

現　　金　1		売　掛　金　2		商　　品　3	
9,500	7,600	3,700	2,100	9,000	6,700

貸　付　金　4		建　　物　5		備　　品　6	
500	400	4,800		1,900	

土　　地　7		買　掛　金　8		借　入　金　9	
4,000		2,600	5,500	300	1,900

資　本　金　10		繰越利益剰余金　11		商品売買益　12	
	10,000		1,000		3,800

受 取 利 息　13		給　　料　14		広告宣伝費　15	
	500	2,000		500	

水道光熱費　16		支 払 利 息　17		雑　　損　18	
200		400		100	

（解）

合 計 試 算 表

借　　　方	元丁	勘 定 科 目	貸　　　方
9,500	1	現　　　　金	7,600
3,700	2	売　　掛　　金	2,100
9,000	3	商　　　　品	6,700
500	4	貸　　付　　金	400
4,800	5	建　　　　物	
1,900	6	備　　　　品	
4,000	7	土　　　　地	
2,600	8	買　　掛　　金	5,500
300	9	借　　入　　金	1,900
	10	資　　本　　金	10,000
	11	繰越利益剰余金	1,000
	12	商 品 売 買 益	3,800
	13	受 取 利 息	500
2,000	14	給　　　　料	
500	15	広 告 宣 伝 費	
200	16	水 道 光 熱 費	
400	17	支 払 利 息	
100	18	雑　　　　損	
39,500			39,500

例題6－2　例題6－1の勘定口座の記録から，残高試算表を作成しなさい。

残　高　試　算　表

借　　　　　方	元丁	勘　定　科　目	貸　　　　　方
1,900	1	現　　　　　金	
1,600	2	売　　掛　　金	
2,300	3	商　　　　　品	
100	4	貸　　付　　金	
4,800	5	建　　　　　物	
1,900	6	備　　　　　品	
4,000	7	土　　　　　地	
	8	買　　掛　　金	2,900
	9	借　　入　　金	1,600
	10	資　　本　　金	10,000
	11	繰越利益剰余金	1,000
	12	商　品　売　買　益	3,800
	13	受　取　利　息	500
2,000	14	給　　　　　料	
500	15	広　告　宣　伝　費	
200	16	水　道　光　熱　費	
400	17	支　払　利　息	
100	18	雑　　　　　損	
19,800			19,800

例題6－3　例題6－1の勘定口座の記録から，合計残高試算表を作成しなさい。

合　計　残　高　試　算　表

借　　　　方 残　　高	合　　計	元丁	勘　定　科　目	貸　　　　方 合　　計	残　　高
1,900	9,500	1	現　　　　　金	7,600	
1,600	3,700	2	売　　掛　　金	2,100	
2,300	9,000	3	商　　　　　品	6,700	
100	500	4	貸　　付　　金	400	
4,800	4,800	5	建　　　　　物		
1,900	1,900	6	備　　　　　品		
4,000	4,000	7	土　　　　　地		
	2,600	8	買　　掛　　金	5,500	2,900
	300	9	借　　入　　金	1,900	1,600
		10	資　　本　　金	10,000	10,000
		11	繰越利益剰余金	1,000	1,000
		12	商　品　売　買　益	3,800	3,800
		13	受　取　利　息	500	500
2,000	2,000	14	給　　　　　料		
500	500	15	広　告　宣　伝　費		
200	200	16	水　道　光　熱　費		
400	400	17	支　払　利　息		
100	100	18	雑　　　　　損		
19,800	39,500			39,500	19,800

2 精算表

精算表（Work Sheet；W/S）は，残高試算表に要約された総勘定元帳の勘定口座記録から，損益計算書と貸借対照表を一覧表の形式で作成するものである。最も基礎的な**6桁精算表**の形式は次のとおりである。

精　算　表

勘定科目	元丁	残高試算表		損益計算書		貸借対照表	
		借　方	貸　方	借　方	貸　方	借　方	貸　方

精算表は，次のような手順で作成される。次のページの図表も参照されたい。

① 残高試算表欄を完成させる。

② 収益，費用に属する金額を損益計算書欄に移記する。資産，負債，資本に属する金額を貸借対照表欄に移記する。

③ 損益計算書欄と貸借対照表欄それぞれの借方と貸方の金額を縦に合計する。損益計算書欄も貸借対照表欄も通常借方合計と貸方合計は一致しないが，損益計算書欄で計算された貸借差額と貸借対照表欄で計算された貸借差額は一致する。

④ 損益計算書欄の貸方金額が借方金額よりも大きければ，勘定科目欄の最終行に当期純利益と記入し，同じ行の損益計算書欄の借方にその差額を記入する。この場合，貸借対照表欄は借方金額の方が大きいので，同じ行の貸借対照表欄の貸方にその差額を記入する。逆に，損益計算書欄の借方金額が貸方金額より大きければ，当期純損失と記入して，差額を損益計算書欄の貸方と貸借対照表欄の借方に記入する。

⑤ 損益計算書欄と貸借対照表欄の借方と貸方の合計金額をそれぞれ計算し，締切線（2本線）で締める。

精　算　表

勘定科目	元丁	残高試算表		損益計算書		貸借対照表	
		借　方	貸　方	借　方	貸　方	借　方	貸　方
現　　　　金	1	1,530		資　産		1,530	
売　掛　金	2	300				300	
商　　　品	3	100				100	
買　掛　金	4		50				50
借　入　金	5		100	負債・資本			100
資　本　金	6		1,000				1,000
繰越利益剰余金	7		100				100
商品売買益	8		800	収　益	800		
水道光熱費	9	120	費　用	120			
当期純利益				680			680
		2,050	2,050	800	800	1,930	1,930

貸借差額が一致

例題6-4 例題6-2の残高試算表から，精算表を完成させなさい。

精　算　表

勘定科目	元丁	残高試算表		損益計算書		貸借対照表	
		借　方	貸　方	借　方	貸　方	借　方	貸　方
現　　　　金	1	1,900				1,900	
売　掛　金	2	1,600				1,600	
商　　　品	3	2,300				2,300	
貸　付　金	4	100				100	
建　　　物	5	4,800				4,800	
備　　　品	6	1,900				1,900	
土　　　地	7	4,000				4,000	
買　掛　金	8		2,900				2,900
借　入　金	9		1,600				1,600
資　本　金	10		10,000				10,000
繰越利益剰余金	11		1,000				1,000
商品売買益	12		3,800		3,800		
受取利息	13		500		500		
給　　　料	14	2,000		2,000			
広告宣伝費	15	500		500			
水道光熱費	16	200		200			
支払利息	17	400		400			
雑　　　損	18	100		100			
		19,800	19,800				
当期純利益				1,100			1,100
				4,300	4,300	16,600	16,600

Training

問題6－1 次の総勘定元帳の記録から，合計試算表を作成しなさい。

総 勘 定 元 帳

現　　金　　1		売　掛　金　　2		商　　品　　3	
1,000	700	300		700	500
1,200	200				
400	250				
200					

備　　品　　4		借　入　金　　5		資　本　金　　6	
300			400		1,000

繰越利益剰余金　7		商品売買益　　8		受取手数料　　9	
	100		1,000		200

広告宣伝費　10		支 払 利 息　11	
150		100	

合 計 試 算 表

借　　方	元丁	勘 定 科 目	貸　　方
	1	現　　　　金	
	2	売　掛　金	
	3	商　　　品	
	4	備　　　品	
	5	借　入　金	
	6	資　本　金	
	7	繰越利益剰余金	
	8	商 品 売 買 益	
	9	受 取 手 数 料	
	10	広 告 宣 伝 費	
	11	支 払 利 息	

問題6-2　次の各勘定の残高から，残高試算表を作成しなさい。資本金の金額は各自計算しなさい。

現　　　金	¥1,750	売　掛　金	¥ 800	商　　　品	¥ 700
建　　　物	¥2,900	備　　　品	¥ 300	買　掛　金	¥ 500
借　入　金	¥2,000	資　本　金	¥　?	繰越利益剰余金	¥ 500
商品売買益	¥2,300	受取手数料	¥ 200	給　　　料	¥1,000
広告宣伝費	¥ 300	支払利息	¥ 150	雑　　　損	¥ 100

残　高　試　算　表

借　　　　方	元丁	勘　定　科　目	貸　　　　方
	1	現　　　　金	
	2	売　　掛　　金	
	3	商　　　　品	
	4	建　　　　物	
	5	備　　　　品	
	6	買　　掛　　金	
	7	借　　入　　金	
	8	資　　本　　金	
	9	繰越利益剰余金	
	10	商　品　売　買　益	
	11	受　取　手　数　料	
	12	給　　　　料	
	13	広　告　宣　伝　費	
	14	支　払　利　息	
	15	雑　　　　損	

問題6−3　次の総勘定元帳の記録から，合計残高試算表を作成しなさい。

総 勘 定 元 帳

現　　金　　1		売　掛　金　　2		商　　品　　3	
14,550	12,900	2,000	1,000	5,200	5,000

貸　付　金　　4		建　　物　　5		備　　品　　6	
700	400	4,500		150	

土　　地　　7		買　掛　金　　8		借　入　金　　9	
2,000		400	1,200	300	1,000

資　本　金　　10		繰越利益剰余金　11		商品売買益　12	
	5,000		1,000		4,000

受取手数料　13		受　取　利　息　14		給　　料　　15	
	50		100	1,300	

広告宣伝費　16		水道光熱費　17		支　払　利　息　18	
300		100		50	

雑　　損　　19	
100	

合 計 残 高 試 算 表

借　　　方		元丁	勘 定 科 目	貸　　　方	
残　高	合　計			合　計	残　高
		1	現　　　　金		
		2	売　　掛　　金		
		3	商　　　　品		
		4	貸　　付　　金		
		5	建　　　　物		
		6	備　　　　品		
		7	土　　　　地		
		8	買　　掛　　金		
		9	借　　入　　金		
		10	資　　本　　金		
		11	繰越利益剰余金		
		12	商　品　売　買　益		
		13	受　取　手　数　料		
		14	受　取　利　息		
		15	給　　　　料		
		16	広　告　宣　伝　費		
		17	水　道　光　熱　費		
		18	支　払　利　息		
		19	雑　　　　損		

問題6－4　次の各勘定の残高から，精算表を作成しなさい。資本金の金額は各自計算し，精算表中の（　　　）も埋めなさい。

現　　　金	¥1,800	売　掛　金	¥1,000	商　　　品	¥1,500
貸　付　金	¥1,400	建　　　物	¥3,500	備　　　品	¥1,300
土　　　地	¥2,000	買　掛　金	¥3,100	借　入　金	¥1,700
資　本　金	¥ ?	繰越利益剰余金	¥1,200	商品売買益	¥4,100
受取手数料	¥2,100	受　取　利　息	¥ 100	給　　　料	¥1,800
広告宣伝費	¥ 900	水　道　光　熱　費	¥ 300	支　払　利　息	¥ 200
雑　　　損	¥ 100				

精　　算　　表

勘定科目	元丁	残高試算表 借方	残高試算表 貸方	損益計算書 借方	損益計算書 貸方	貸借対照表 借方	貸借対照表 貸方
現　　　金	1						
売　掛　金	2						
商　　　品	3						
貸　付　金	4						
建　　　物	5						
備　　　品	6						
土　　　地	7						
買　掛　金	8						
借　入　金	9						
資　本　金	10						
繰越利益剰余金	11						
商品売買益	12						
受取手数料	13						
受　取　利　息	14						
給　　　料	15						
広告宣伝費	16						
水道光熱費	17						
支　払　利　息	18						
雑　　　損	19						
当期純（　　）							

問題6-5　次の各勘定の残高から，精算表を作成しなさい。商品売買益の金額は各自計算し，精算表中の（　　　）も埋めなさい。

現　　　　金	¥4,000	売　掛　金 ¥3,000	商　　　品 ¥1,000
貸　付　金	¥ 500	建　　　物 ¥3,500	備　　　品 ¥1,300
土　　　地	¥2,000	買　掛　金 ¥3,500	借　入　金 ¥1,700
資　本　金	¥9,000	繰越利益剰余金 ¥2,000	商品売買益 ¥　？
受取手数料	¥ 400	受　取　利　息 ¥ 100	給　　　料 ¥1,800
広告宣伝費	¥ 350	水道光熱費 ¥ 150	支　払　利　息 ¥ 200
雑　　　損	¥ 80		

精　算　表

勘 定 科 目	元丁	残 高 試 算 表 借　方	貸　方	損 益 計 算 書 借　方	貸　方	貸 借 対 照 表 借　方	貸　方
現　　　　金	1						
売　掛　金	2						
商　　　品	3						
貸　付　金	4						
建　　　物	5						
備　　　品	6						
土　　　地	7						
買　掛　金	8						
借　入　金	9						
資　本　金	10						
繰越利益剰余金	11						
商品売買益	12						
受取手数料	13						
受取利息	14						
給　　　料	15						
広告宣伝費	16						
水道光熱費	17						
支払利息	18						
雑　　　損	19						
当期純（　　）							

問題６－６　次の総勘定元帳の記帳から，(1)合計試算表と(2)精算表を作成しなさい。

総 勘 定 元 帳

現	金		1		売	掛	金		2
3/1	10,000	3/3	3,500		3/6	2,000	3/15	1,500
6	7,500	5	1,200		17	2,200	20	500
12	1,800	7	4,000					
13	100	10	2,200					
15	1,500	13	2,000					
17	5,000	19	3,800					
20	500	20	5,100					
30	350	23	1,000					
		25	1,400					
		28	150					

商	品		3		貸	付	金		4
3/3	5,000	3/6	4,000		3/19	3,800		
13	3,000	17	2,500					

建	物		5		備	品		6
3/10	4,200				3/5	1,200		

土	地		7		買	掛	金		8
3/7	4,000				3/23	1,000	3/3	1,500
							13	1,000

借	入	金		9		資	本	金		10
		3/12	1,800					3/1	10,000

繰越利益剰余金			11		商品売買益			12
		3/1	2,000				3/6	5,500
							17	4,700

受 取 手 数 料			13		受 取 利 息			14
		3/13	100				3/30	350

給	料		15		広 告 宣 伝 費			16
3/20	5,100				3/25	700		

水 道 光 熱 費			17		支 払 利 息			18
3/25	450				3/28	150		

雑	損		19
3/25	250		

(1)　合計試算表

合 計 試 算 表

借　　　方	元丁	勘 定 科 目	貸　　　方
	1	現　　　　　金	
	2	売　　掛　　金	
	3	商　　　　　品	
	4	貸　　付　　金	
	5	建　　　　　物	
	6	備　　　　　品	
	7	土　　　　　地	
	8	買　　掛　　金	
	9	借　　入　　金	
	10	資　　本　　金	
	11	繰 越 利 益 剰 余 金	
	12	商 品 売 買 益	
	13	受 取 手 数 料	
	14	受　取　利　息	
	15	給　　　　　料	
	16	広 告 宣 伝 費	
	17	水 道 光 熱 費	
	18	支　払　利　息	
	19	雑　　　　　損	

(2)　精算表

精　算　表

勘定科目	元丁	残高試算表		損益計算書		貸借対照表	
		借　方	貸　方	借　方	貸　方	借　方	貸　方
現　　　金	1						
売　掛　金	2						
商　　　品	3						
貸　付　金	4						
建　　　物	5						
備　　　品	6						
土　　　地	7						
買　掛　金	8						
借　入　金	9						
資　本　金	10						
繰越利益剰余金	11						
商品売買益	12						
受取手数料	13						
受　取　利　息	14						
給　　　料	15						
広告宣伝費	16						
水道光熱費	17						
支　払　利　息	18						
雑　　　損	19						
当期純(　　)							

第 7 章

決 算

1 決 算

　社会制度としての会計は，基本的に期間損益計算の職能を担っている。この期間損益計算は，通常1ヵ年の会計期間（事業年度または営業年度ともいう）ごとに行われる。そこで，会計期間の終わりに，諸帳簿の記録を整理して締め切り，損益計算書や貸借対照表などの財務諸表を作成するとともに，次の会計期間への帳簿記録の引き継ぎを行うことを，**決算**とよぶ。決算の基準日となる会計期間の終了日を決算日または貸借対照表日という。決算日もまた，会計期末または単に期末，あるいは事業年度末または単に年度末とよばれる。決算の詳細な内容は第17章以下で取り扱うので，本章では基本となる事項を学習する。

(1) 決算予備手続

① 仕訳帳の仮締めを行う。
② 試算表を作成し，帳簿記録の正否を検算する。
③ 精算表を作成する。

(2) 決算本手続

決算本手続は，主に帳簿を締め切ることから構成され，次のような順序で実施される。

① 収益・費用に属する勘定の残高を，損益勘定に振り替え，収益・費用に属する勘定口座を締め切る。
② 損益勘定の残高として，当期純利益または当期純損失を求め，それを繰越利益剰余金勘定に振り替える。同時に，損益勘定を締め切る。
③ 資産・負債・資本に属する勘定の残高を次期に繰り越し，資産・負債・資本に属する勘

定口座を締め切るとともに，次期の開始記入を行う。

④　資産・負債・資本に属する勘定の繰越記入の正否を検算するため，繰越試算表を作成する。

⑤　仕訳帳を締め切る。

(3)　財務諸表の作成

①　損益勘定の記録内容から損益計算書を作成する。

②　繰越試算表などの記録内容から貸借対照表を作成する。

　簿記ではこのように帳簿記録からの一貫した手続を通じて，損益計算書や貸借対照表などの財務諸表を作成する。取引の認識から記帳，決算までの一連の手続の流れを，**簿記一巡の手続**とよぶ。なお，上記(1)③の精算表の作成については，簿記一巡の手続に入れないとする考え方もある。作成方法については第6章で学習しているので，本章では取り扱わない。

2　決算予備手続

　決算にあたっては，まず**決算予備手続**として，期間中の日々の取引を記入した仕訳帳をこの時点でいったん締め切り（仕訳帳の仮締め），日々の取引についての転記の正否を検算するために，試算表を作成する。その際の仕訳帳の締切は，まず日々の取引の記入が終了している行の金額欄に集計線（一本線）を入れ，借方と貸方の金額をそれぞれ合計した上で，日付欄と金額欄を締切線（二本線）で締め切る。この場合，日付欄の締切線（二本線）は必ずしも必要ではない。

| | 仕　　訳　　帳 | | | | 2 | |
| | | | | | | |

×年		摘　　　　要	元丁	借　方	貸　方
		前ページ繰越		36,500	36,500
12	30	諸　口　　　諸　口			
		（現　　　金）		1,500	
		（売　掛　金）		500	
		（商　　　品）			1,600
		（商品売買益）			400
		一部掛にて商品売上			
				38,500	38,500

貸借平均の原理から，仕訳帳の借方合計と貸方合計とは必ず一致し，それとともに，合計試算表の合計金額と一致することを確認して，決算本手続に移る。なお，第6章で学習したように，決算予備手続では通常，試算表の他に精算表も作成する。

3 収益・費用の諸勘定の損益勘定への振替

決算本手続は，まず，収益と費用に属する諸勘定の残高を，**損益勘定**に振り替えることから始められる。損益勘定とは，多数設定されている収益と費用に属する勘定口座の記録内容を，1つの勘定口座に集計し，そこから損益を計算しようとする決算特有の勘定である。したがって損益勘定は，損益集合勘定とよばれることもある。そして，決算振替仕訳とよばれる仕訳を通じて，収益・費用の諸勘定の残高を，損益勘定に集める。すなわち次の二組の仕訳である。

```
（借方）収益の諸勘定　　×　×　　（貸方）損　　　益　　×　×
（借方）損　　　益　　×　×　　（貸方）費用の諸勘定　　×　×
```

例題7-1　次の総勘定元帳の記録から，収益と費用の諸勘定の損益勘定への振替に必要な仕訳を行い，総勘定元帳に転記するとともに収益と費用の諸勘定を締め切りなさい。（損益勘定は締め切らなくてよい）

総　勘　定　元　帳

商品売買益 11	受取手数料 12	受取利息 13
12/ 7 1,600	12/24 200	12/15 300
18 1,800		
30 400		

給　料 14	広告宣伝費 15	水道光熱費 16
12/25 2,000	12/5 350	12/25 200
	10 150	

支払利息 17	雑　費 18	損　益 19
12/10 400	12/20 100	

（解）

```
12/31 （借方）商品売買益　3,800　（貸方）損　　　益　4,300
　　　　　　　受取手数料　　200
　　　　　　　受取利息　　　300
```

　　　12/31　（借方）損　　　益　3,200　（貸方）給　　料　2,000
　　　　　　　　　　　　　　　　　　　　　　　　広告宣伝費　500
　　　　　　　　　　　　　　　　　　　　　　　　水道光熱費　200
　　　　　　　　　　　　　　　　　　　　　　　　支払利息　400
　　　　　　　　　　　　　　　　　　　　　　　　雑　　費　100

総　勘　定　元　帳

商品売買益			11
12/31損益	3,800	12/ 7	1,600
		18	1,800
		30	400
	3,800		3,800

受取手数料			12
12/31損益	200	12/24	200

受取利息			13
12/31損益	300	12/15	300

給　料			14
12/25	2,000	12/31損益	2,000

広告宣伝費			15
12/ 5	350	12/31損益	500
10	150		
	500		500

水道光熱費			16
12/25	200	12/31損益	200

支払利息			17
12/10	400	12/31損益	400

雑　費			18
12/20	100	12/31損益	100

損　益			19
12/31給　料	2,000	12/31商品売買益	3,800
〃 広告宣伝費	500	〃 受取手数料	200
〃 水道光熱費	200	〃 受取利息	300
〃 支払利息	400		
〃 雑　費	100		

（参考—実務上の仕訳帳・総勘定元帳への記入）

仕　訳　帳　　　　2

		摘要	元丁	借方	貸方
		〜〜〜		38,500	38,500
12	31	本日決算			
		諸　　口　　（損　　益）	19		4,300
		（商品売買益）	11	3,800	
		（受取手数料）	12	200	
		（受取利息）	13	300	
		収益勘定を損益勘定へ振替			
		（損　　益）　　諸　　口	19	3,200	
		（給　　料）	14		2,000
		（広告宣伝費）	15		500
		（水道光熱費）	16		200
		（支払利息）	17		400
		（雑　　費）	18		100
		費用勘定を損益勘定へ振替			

総 勘 定 元 帳

商 品 売 買 益　　　　　　11

12	31	損　　益	2	3,800	12	7			2	1,600
						18			〃	1,800
						30			〃	400
				3,800						3,800

受 取 手 数 料　　　　　　12

12	31	損　　益	2	200	12	24			2	200

受 取 利 息　　　　　　13

12	31	損　　益	2	300	12	15			2	300

給　　　　料　　　　　　14

12	25		2	2,000	12	31	損　　益	2	2,000

広 告 宣 伝 費　　　　　　15

12	5		2	350	12	31	損　　益	2	500
	10		〃	150					
				500					500

水 道 光 熱 費　　　　　　16

12	25		2	200	12	31	損　　益	2	200

支 払 利 息　　　　　　17

12	10		2	400	12	31	損　　益	2	400

雑　　　　費　　　　　　18

12	20		2	100	12	31	損　　益	2	100

損　　　　益　　　　　　19

12	31	給　　料	2	2,000	12	31	商品売買益	2	3,800
	〃	広 告 宣 伝 費	〃	500		〃	受取手数料	〃	200
	〃	水 道 光 熱 費	〃	200		〃	受 取 利 息	〃	300
	〃	支 払 利 息	〃	400					
	〃	雑　　費	〃	100					

　収益・費用に属する勘定の損益勘定への振替は，例題の場合は収益から先に行ったが，収益・費用いずれを先に行ってもよい。いずれにしても，収益に属する勘定口座の記録が，損益勘定の貸方に，費用に属する勘定口座の記録が，損益勘定の借方に，それぞれに集められることになる。

　収益・費用に属する勘定口座上には，相手勘定が損益勘定であること，すなわち決算独特の振替仕訳である旨を記し，損益勘定上には，相手が諸口であっても，個別の相手勘定別に転記する。損益勘定に振り替えられた収益・費用の内容を明示することによって，次に行う損益計算の構造が明らかとなる。

　そして**勘定口座の締め切り**は，例題に示したように，借方と貸方の金額を一致させる形式により行われる。その際，借方・貸方とも記入が１つだけの場合は，再集計の必要は無く，直ちに締切線（二本線）で締め切る。そうでない場合は，いったん集計線（一本線）を引いて借方と貸方を再集計して一致させた上で締め切る。日付欄の締切線は，必ずしも必要ではない。

4　当期純利益または当期純損失の繰越利益剰余金勘定への振替

　損益勘定の残高は，当期純利益または当期純損失を意味している。第２章で学習したように，当期純利益または当期純損失は，期間収益と期間費用の差額として求められる。期間収益が期間費用を超過した場合，その差額が当期純利益であり，期間費用が期間収益を超過した場合，その差額が当期純損失である。ここでは株式会社を前提として簿記処理を行う。

　株式会社では株主が資本主であり，資本主としての株主からの資本拠出額は，会社の元手として，資本金勘定で記録されている。他方，当期純利益は事業の成功による元手の増殖分として，また当期純損失は事業の不振による元手の目減り分として，それぞれ最終的には株主に帰属することになる。しかし会社の元手が株主にむやみに分配されて流出し，会社が倒産することがないようにするため，会社が獲得した当期純利益は分配できるが，株主が拠出した資本金の分配は，会社法という法律によって禁止されている。そこでこの区別を貸借対照表に反映させるため，当期純利益または当期純損失を意味する損益勘定の残高は，資本金勘定ではなく，繰越利益剰余金勘定に振り替えられる。

　このように，先ほどの収益・費用に属する諸勘定の損益勘定への振替に引き続き，損益勘定の残高を繰越利益剰余金勘定へ振り替えることによって完結する仕訳を**決算振替仕訳**とよぶ。すなわち仕訳は次のようになる。

```
当期純利益の場合：（借方）損　　　　益　××　　（貸方）繰越利益剰余金　××
当期純損失の場合：（借方）繰越利益剰余金　××　　（貸方）損　　　　益　××
```

例題7−2　例題7−1の損益勘定の口座記録から，残高を繰越利益剰余金勘定に振り替えるために必要な仕訳を行い，それぞれの勘定口座に転記するとともに，損益勘定を締め切りなさい（繰越利益剰余金勘定は締め切らなくてよい）。

（解）

12/31　（借方）損　　　　　益　1,100　　（貸方）繰越利益剰余金　1,100

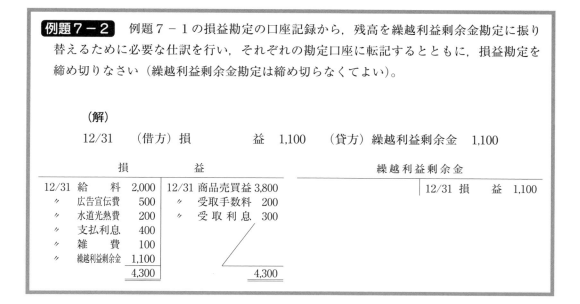

5　資産・負債・資本の諸勘定の繰越と締切

　収益・費用に属する諸勘定の期末残高は損益勘定へ集計されれば，次期はまたゼロの段階から出発する。これに対して，資産・負債・資本に属する諸勘定の期末残高は，次期に引き継がれる。一般に収益・費用に属する諸勘定が**フロー勘定**，資産・負債・資本に属する諸勘定が**ストック勘定**といわれるのはこのことによる。したがって，資産・負債・資本に属する諸勘定の残高は，次期へ繰り越す処理を行わなければならない。

　これらの勘定残高の繰越処理の方法には，仕訳を経ずに，直接，勘定口座の上で繰越処理を行う。たとえば，資産に属する諸勘定については，残高が借方残高となるので，その金額を貸方側の摘要欄に次期繰越とし，借方と貸方の合計を一致させて締め切る。これを繰越記入とよぶ。その後，借方側の摘要欄に前期繰越と付記して，次期の初日付けで記入する。これを開始記入とよぶ。その際，勘定口座の仕丁欄には，チェックマーク（✓）を入れる。

　負債・資本に属する諸勘定については，残高が貸方残高となるので，資産に属する勘定と貸借が反対の記入方法となる。

<table>
<tr><td colspan="2" align="center">資産に属する勘定科目</td></tr>
<tr><td rowspan="2">借 方 合 計</td><td>貸 方 合 計</td></tr>
<tr><td>次 期 繰 越</td></tr>
<tr><td>前 期 繰 越</td><td></td></tr>
</table>

<table>
<tr><td colspan="2" align="center">負債・資本に属する勘定科目</td></tr>
<tr><td>借 方 合 計</td><td rowspan="2">貸 方 合 計</td></tr>
<tr><td>次 期 繰 越</td></tr>
<tr><td></td><td>前 期 繰 越</td></tr>
</table>

例題7－3　次の総勘定元帳の各勘定口座を締め切りなさい。

総 勘 定 元 帳

現　　金　　1		売 掛 金　　2		商　　品　　3	
（借方合計）9,500	（貸方合計）7,600	（借方合計）3,700	（貸方合計）2,100	（借方合計）9,000	（貸方合計）6,700

貸 付 金　　4		建　　物　　5		備　　品　　6	
（借方合計）500	（貸方合計）400	（借方合計）4,800		（借方合計）1,900	

土　　地　　7		買 掛 金　　8		借 入 金　　9	
（借方合計）3,000		（借方合計）2,600	（貸方合計）5,500	（借方合計）300	（貸方合計）1,900

資 本 金　　10		繰越利益剰余金　　11	
	（貸方合計）10,000		12/31損益　1,100

（解） ここで，繰越利益剰余金は損益勘定からの振替分を含めて繰り越すことに注意する必要がある。

総 勘 定 元 帳

現　　金　　1		売 掛 金　　2		商　　品　　3	
（借方合計）9,500		（借方合計）3,700		（借方合計）9,000	（貸方合計）6,700
	（貸方合計）7,600		（貸方合計）2,100		12/31次期繰越 2,300
	12/31次期繰越 1,900		12/31次期繰越 1,600		
	9,500　　9,500		3,700　　3,700		9,000　　9,000
1/1前期繰越 1,900		1/1前期繰越 1,600		1/1前期繰越 2,300	

貸 付 金　　4		建　　物　　5		備　　品　　6	
（借方合計）500	（貸方合計）400	（借方合計）4,800	12/31次期繰越 4,800	（借方合計）1,900	12/31次期繰越 1,900
	12/31次期繰越 100	1/1前期繰越 4,800		1/1前期繰越 1,900	
	500　　500				
1/1前期繰越 100					

土　　地　　7		買 掛 金　　8		借 入 金　　9	
（借方合計）3,000	12/31次期繰越 3,000	（借方合計）2,600	（貸方合計）5,500	（借方合計）300	（貸方合計）1,900
1/1前期繰越 3,000					
		12/31次期繰越 2,900		12/31次期繰越 1,600	
		5,500　　5,500		1,900　　1,900	
			1/1前期繰越 2,900		1/1前期繰越 1,600

資 本 金　　10		繰越利益剰余金　　11	
12/31次期繰越 10,000	（貸方合計）10,000	12/31次期繰越 1,100	12/31損益 1,100
	1/1前期繰越 10,000		1/1前期繰越 1,100

（参考—実務上の総勘定元帳への記入）

損　益　19

12	31	給　　　料	2	2,000	12	31	商品売買益	2	3,800
	〃	広告宣伝費	〃	500		〃	受取手数料	〃	200
	〃	水道光熱費	〃	200		〃	受 取 利 息	〃	300
	〃	支 払 利 息	〃	400					
	〃	雑　　　費	〃	100					
	〃	繰越利益剰余金	〃	1,100					
				4,300					4,300

現　金　1

		（借方合計）		9,500			（貸方合計）		7,600
					12	31	次期繰越	✓	1,900
				9,500					9,500
1	1	前期繰越	✓	1,900					

売　掛　金　2

		（借方合計）		3,700			（貸方合計）		2,100
					12	31	次期繰越	✓	1,600
				3,700					3,700
1	1	前期繰越	✓	1,600					

商　品　3

		（借方合計）		9,000			（貸方合計）		6,700
					12	31	次期繰越	✓	2,300
				9,000					9,000
1	1	前期繰越	✓	2,300					

貸　付　金　4

		（借方合計）		500			（貸方合計）		400
					12	31	次期繰越	✓	100
				500					500
1	1	前期繰越	✓	100					

建　物　5

		（借方合計）		4,800	12	31	次期繰越	✓	4,800
1	1	前期繰越	✓	4,800					

										備　　品	6

		（借方合計）		1,900	
1	1	前期繰越	✓	1,900	

12	31	次期繰越	✓	1,900	

土　　地　　7

		（借方合計）		3,000		12	31	次期繰越	✓	3,000
1	1	前期繰越	✓	3,000						

買　掛　金　　8

		（借方合計）		2,600				（貸方合計）		5,500
12	31	次期繰越	✓	2,900						
				5,500						5,500
						1	1	前期繰越	✓	2,900

借　入　金　　9

		（借方合計）		300				（貸方合計）		1,900
12	31	次期繰越	✓	1,600						
				1,900						1,900
						1	1	前期繰越	✓	1,600

資　本　金　　10

12	31	次期繰越	✓	10,000				（貸方合計）		10,000
						1	1	前期繰越	✓	10,000

繰越利益剰余金　　11

12	31	次期繰越	✓	1,100		12	31	損　　益	2	1,100
						1	1	前期繰越	✓	1,100

6　繰越試算表

　繰越記入は仕訳を経ずに行われるため，記入に誤りがあっても，原始記録である仕訳帳で確認することができない。また，損益勘定に相当する集合勘定がないため，資産・負債・資本の期末日時点の状態を1つの勘定上で把握することができない。

　これらの事柄を補い，検算と集計・一覧表示を可能にするために，**繰越試算表**を作成する。繰越試算表は，形式上，決算整理前の残高試算表に類似している。繰越試算表には，繰越記入された各勘定の残高（次期繰越額）が記載される。

例題7-4　例題7-3の勘定記録から，繰越試算表を作成しなさい。

（解）

繰越試算表
×年12月31日

借　　方	元丁	勘　定　科　目	貸　　方
1,900	1	現　　　　　　金	
1,600	2	売　　掛　　金	
2,300	3	商　　　　　　品	
100	4	貸　　付　　金	
4,800	5	建　　　　　　物	
1,900	6	備　　　　　　品	
3,000	7	土　　　　　　地	
	8	買　　掛　　金	2,900
	9	借　　入　　金	1,600
	10	資　　本　　金	10,000
	11	繰越利益剰余金	1,100
15,600			15,600

7　仕訳帳の締切

総勘定元帳の締切によって，仕訳帳も決算仕訳を経て締切を行う。

仕　　訳　　帳　　　　　　　　2

〜〜	〜〜	〜〜〜〜〜〜〜〜〜		38,500	38,500
12	31	本日決算			
〜〜	〜〜	収益勘定を損益勘定へ振替			
		費用勘定を損益勘定へ振替			
	〃	（損　　　益）	19	1,100	
		（繰越利益剰余金）	11		1,100
		当期純利益を繰越利益剰余金勘定へ振替			
				8,600	8,600

8 財務諸表の作成

　企業の状況を各種利害関係者に報告するための財務諸表は，総勘定元帳の勘定口座記録から作られる。ここでは財務諸表のうち，主要財務諸表を構成する損益計算書と貸借対照表の基本的な内容に触れる。財務諸表の詳細な説明は，第21章で行われる。

　損益計算書は，企業の一会計期間の経営成績を表す報告書である。損益計算書は，損益勘定の勘定口座記録から作成される。最も基本的な形式は，次のとおりである。

損　益　計　算　書

××株式会社　　自×年×月×日　至×年×月×日　　（単位：円）

費　　用	金　　額	収　　益	金　　額

　記載内容は，ほぼ損益勘定と同様であり，費用欄に費用に属する勘定科目が，収益欄に収益に属する勘定科目が入り，金額欄にそれぞれの金額が入る。そして，差額としての当期純利益または当期純損失を示し，両辺の金額を一致させて締め切る。

　貸借対照表は，企業の一定時点，通常，決算日現在の財政状態を表す報告書である。貸借対照表は，資産・負債・資本に属する勘定口座の記録を一覧表示した繰越試算表を基礎として作成される。最も基本的な形式は，次のとおりである。

貸　借　対　照　表

××株式会社　　　　　×年×月×日　　　　　（単位：円）

資　　産	金　　額	負債および資本（純資産）	金　　額

　記載内容は，ほぼ繰越試算表と同様であり，資産欄には資産に属する勘定科目が，負債および資本（純資産）欄には負債および資本に属する勘定科目が入り，金額欄にそれぞれの金額が入る。資本のうち，株主への分配が禁止されている資本金の金額と，株主への配当として利用することができる繰越利益剰余金の金額は，それぞれ独立項目として記載される。

例題7-5 例題7-2の損益勘定の記録，および例題7-4の繰越試算表の記録から，損益計算書と貸借対照表を作成しなさい。

(解)

損 益 計 算 書

××株式会社　　　自×年1月1日 至×年12月31日　　　（単位：円）

費　　用	金　額	収　　益	金　額
給　　　　　料	2,000	商 品 売 買 益	3,800
広 告 宣 伝 費	500	受 取 手 数 料	200
水 道 光 熱 費	200	受 取 利 息	300
支 払 利 息	400		
雑　　　　　費	100		
当 期 純 利 益	1,100		
	4,300		4,300

貸 借 対 照 表

××株式会社　　　　　　　×年12月31日　　　　　　（単位：円）

資　　産	金　額	負債および資本（純資産）	金　額
現　　　　　金	1,900	買 　掛 　金	2,900
売 　掛 　金	1,600	借 　入 　金	1,600
商　　　　　品	2,300	資 　本 　金	10,000
貸 　付 　金	100	繰 越 利 益 剰 余 金	1,100
建　　　　　物	4,800		
備　　　　　品	1,900		
土　　　　　地	3,000		
	15,600		15,600

9 簿記一巡の手続

　第Ⅰ部では，複式簿記の基本的構成要素と処理方法を学習した。特に簿記処理の面から一連の手続を要約し，図示すると，次ページのようになる。

　このような一連の手続，特に諸帳簿の連係的な記入・転記・決算・開始記入の流れを，簿記一巡の手続という。複式簿記を学ぶ際には，学んでいる事柄が，簿記一巡の手続のどこに位置するかを常に的確に把握し，連続した処理体系の一環として理解することが最も重要である。

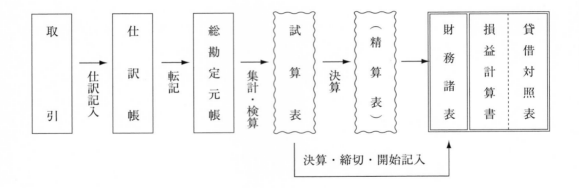

Training

問題7−1　次の文は決算について説明したものである。（　　　）の中に，後に掲げてある語群より適当な語を選んで記入しなさい。重複して用いてもよい。

社会的制度としての会計は，基本的に期間（　　　　）計算の職能を担っている。それは，通常1ヵ年の（　　　　）期間（事業年度ともいう）ごとに行われる。そこで，事業年度の終わりに，諸帳簿の記録を整理して締め切り，（　　　　）や（　　　　）などの財務諸表を作成するとともに，次の事業年度への帳簿記録の引き継ぎを行うことを，決算という。決算の基準日となる会計期間の終了日を決算日または（　　　　）日という。決算日は（　　　　）または単に（　　　　），あるいは事業年度末または単に年度末ともよばれる。

決算は次のような手順で実施される。

(1)　決算予備手続：（　　　　）を作成し，（　　　　）の正否を検算する。

(2)　決算本手続：主に（　　　　）を締め切ることから構成され，次のような順序で実施される。

①　（　　　　）・（　　　　）に属する勘定の残高を損益勘定に振り替え，それらに属する勘定口座を締め切る。

②　損益勘定の残高として，当期（　　　　）または当期（　　　　）を求め，それを（　　　　）勘定に振り替える。同時に，損益勘定を締め切る。

③　（　　　　）・（　　　　）・（　　　　）に属する勘定の残高を次期に繰り越し，それらに属する勘定口座を締め切るとともに，次期の開始記入を行う。

④　資産・負債・資本に属する勘定の繰越記入の正否を検算するため，（　　　　）を作成する。

⑤　損益勘定の記録内容から（　　　　）を，繰越試算表の記録内容から（　　　　）を作成する。

このような取引の認識から記帳，決算までの一連の手続の流れを（　　　　）の手続とよぶ。

（語群）貸借対照表　損益計算書　試算表　繰越試算表　帳簿　帳簿記録　会計　会計
期末　期末　資産　負債　資本　収益　費用　損益　純利益　純損失　簿記一巡
繰越利益剰余金

問題7-2 次の総勘定元帳の記帳を用いて，(1)決算振替仕訳をし，(2)繰越試算表，(3)損益計算書および貸借対照表を作成しなさい。(4)総勘定元帳を締め切るとともに，開始記入も行いなさい。決算日：×年5月31日，会計期間：1ヵ月，単位：千円

	現　金			1
5／1	200	5／3		30
7	50	11		70
24	30	18		60
		25		7
		30		3

	売　掛　金			2
5／14	60	5／24		30

	備　品			4
5／3	30			

	商　品			3
5／5	200	5／7		40
11	70	14		45

	買　掛　金			5
5／18	60	5／5		200

	資　本　金			6
		5／1		200

	給　料			9
5／25	7			

	支　払　家　賃			10
5／30	3			

	繰越利益剰余金			7

	損　益			11

	商　品　売　買　益			8
		5／7		10
		14		15

(1)

	借 方 科 目	金 額	貸 方 科 目	金 額
5/31				
〃				
〃				

(2)

繰 越 試 算 表

×年５月31日　　　（単位：千円）

借　　　方	元丁	勘 定 科 目	貸　　　方

(3)

損 益 計 算 書

××株式会社　　　自×年５月１日　至×年５月31日　（単位：千円）

費　　用	金　額	収　　益	金　額

貸 借 対 照 表

××株式会社　　　　　　×年５月31日　　　　　（単位：千円）

資　　産	金　額	負債および資本（純資産）	金　額

問題7-3　次の損益勘定によって，次の各問いに答えなさい。ただし，決算振替仕訳は，仕訳帳の15ページに記入している。

(1)　費用の諸勘定残高を損益勘定に振り替えたときの仕訳を示しなさい。

(2)　当期純利益を繰越利益剰余金勘定に振り替えたときの仕訳を示しなさい。

(3)　(2)の仕訳を繰越利益剰余金勘定に転記して締め切るとともに，開始記入も行いなさい。

損　　益　　　　　　　　　12

×年		摘　　　要	仕丁	借　　方	×年		摘　　　要	仕丁	貸　　方
3	31	給　　　料	15	250,000	3	31	商品売買益	15	580,000
	〃	広告宣伝費	〃	55,000					
	〃	支払家賃	〃	80,000					
	〃	雑　　　費	〃	93,000					
	〃	繰越利益剰余金	〃						

(1)

	借方科目	金　額	貸方科目	金　額
3/31				

(2)

	借方科目	金　額	貸方科目	金　額
3/31				

(3)

繰越利益剰余金　　　　　　　　7

×年		摘　　要	仕丁	借　　方	×年		摘　　要	仕丁	貸　　方

問題7−4　次の損益勘定と繰越試算表をもとに，損益計算書と貸借対照表を作成しなさい。

損　　　　　益　　　　　　　　　　18

	×年		摘　　要	仕丁	借　方	×年		摘　　要	仕丁	貸　方
12	31		給　　料	15	200,000	12	31	商品売買益	15	360,000
		〃	広告宣伝費	〃	76,000		〃	受取手数料	〃	54,000
		〃	水道光熱費	〃	21,000		〃	受取利息	〃	32,000
		〃	支払利息	〃	15,000					
		〃	繰越利益剰余金	〃	134,000					
					446,000					446,000

繰　越　試　算　表

×年12月31日

借　　方	元丁	勘定科目	貸　　方
520,000	1	現　　　　　金	
310,000	2	売　　掛　　金	
460,000	3	商　　　　　品	
180,000	4	貸　　付　　金	
760,000	5	建　　　　　物	
	6	買　　掛　　金	430,000
	7	借　　入　　金	600,000
	8	資　　本　　金	1,066,000
	9	繰越利益剰余金	134,000
2,230,000			2,230,000

損　益　計　算　書

××株式会社　　自×年1月1日　至×年12月31日　　（単位：円）

費　　用	金　　額	収　　益	金　　額

貸　借　対　照　表

×　×株式会社　　　　　　　　×年12月31日　　　　　　　　　（単位：円）

資　　産	金　　額	負債および資本（純資産）	金　　額

第II部
勘定科目

第**8**章

商品売買の処理（その１）

1 商品売買

簿記上，**商品**とは，商業を営む企業が販売の目的をもって所有する物品であって，営業上の主目的に係るものをいう。商品を購入することを**仕入**，販売による売り渡しを**売上**といい，商品売買取引は主としてこのような仕入取引と売上取引からなる。また，商品売買取引は取引形態により，普通売買と特殊売買とに分けられ，本書では，普通売買取引のみを取り扱う。まず普通売買による商品売買の処理として分記法と三分法を学習し，その後，商品売買に伴う代金の決済方法として掛取引を学習する。

2 分記法

分記法は，商品勘定と**商品売買益**勘定を用いて商品売買取引を処理する方法である。商品を仕入れた時には商品勘定の借方に記入し，商品を販売した時には，仕入原価と販売益（売価と仕入原価との差額）とを区別して，その仕入原価は商品勘定の貸方に記入し，販売益は商品売買益勘定の貸方に記入する。

また，決算時には商品勘定の残高は次期へ繰り越し，商品売買益勘定の残高は損益勘定の貸方に振り替える。

例題8－1 次の一連の取引を分記法で仕訳し，各勘定に転記し締め切りなさい。なお，期首に在庫として20個（原価@￥100）商品があるものと仮定している。

1．商品100個@￥100を現金で仕入れた。

（借方）商　　　品　10,000　（貸方）現　　　金　10,000

2．商品50個（原価@￥100）を@￥120で売り渡し，代金は現金で受け取った。

（借方）現　　　金　6,000　（貸方）商　　　品　5,000

商品売買益　1,000

3．商品60個@¥100を現金で仕入れた。

（借方）商　　　品　　6,000　　（貸方）現　　　金　　6,000

4．商品80個（原価@¥100）を@¥110で売り渡し，代金は現金で受け取った。

（借方）現　　　金　　8,800　　（貸方）商　　　品　　8,000

　　　　　　　　　　　　　　　　　　　　商品売買益　　　800

5．決算に際し，商品売買益勘定の残高を損益勘定の貸方へ振り替える。

（借方）商品売買益　　1,800　　（貸方）損　　　益　　1,800

商　　　　品				商 品 売 買 益			
前期繰越	2,000	現　　金	5,000	損　　益	1,800	現　　金	1,000
現　　金	10,000	現　　金	8,000			現　　金	800
現　　金	6,000	次期繰越	5,000		1,800		1,800
	18,000		18,000				

　決算に際し，帳簿を締め切った場合，商品有高が商品勘定の残高（次期繰越¥5,000）として明示されるとともに，商品売買益も商品売買益勘定において明示される（損益¥1,800）。

3　三分法

　三分法とは，**売上**勘定，**仕入**勘定，**繰越商品**勘定の三勘定を用いて商品売買取引を処理する方法である。商品を購入した時は仕入勘定の借方に記入し，商品を販売した時は売上勘定の貸方に記入する。

例題8-2　次の一連の取引を三分法で仕訳し，各勘定に転記しなさい。なお，期首に在庫として20個（原価@¥100）商品があるものと仮定している。

1．商品100個@¥100を現金で仕入れた。

（借方）仕　　　入　　10,000　　（貸方）現　　　金　　10,000

2．商品50個（原価@¥100）を@¥120で売り渡し，代金は現金で受け取った。

（借方）現　　　金　　6,000　　（貸方）売　　　上　　6,000

3．商品60個@¥100を現金で仕入れた。

（借方）仕　　　入　　6,000　　（貸方）現　　　金　　6,000

4．商品80個（原価@¥100）を@¥110で売り渡し，代金は現金で受け取った。

（借方）現　　　金　　8,800　　（貸方）売　　　上　　8,800

繰 越 商 品（資産）	仕　　　入（費用）	売　　　上（収益）
前期繰越 2,000	現　金 10,000	現　金 6,000
	現　金 6,000	現　金 8,800

　三分法によれば，商品の繰越，仕入，売上についてそれぞれ独立した勘定で記帳するため，それぞれの取引内容を把握することができる。しかし，商品が販売されたつど，商品売買益は算定されないので，決算において商品売買損益を算定しなければならない。

4　三分法による商品売買損益の算定と処理方法

　三分法により商品売買損益（損益計算書上では売上総利益）を算定し，勘定処理する方法のうち，以下では(1)仕入勘定で売上原価を算定する方法と(2)売上原価勘定で売上原価を算定する方法について説明する。

(1)　仕入勘定で売上原価を算定する方法

　商品売買損益は次の式により算定される。

> 商品売買損益＝当期純売上高－売上原価
> 売上原価＝期首商品棚卸高＋当期純仕入高－期末商品棚卸高
> 当期純仕入高＝当期総仕入高－仕入戻し高
> 当期純売上高＝当期総売上高－売上戻り高

　そこで，上の式を勘定で処理するために，次の手順で決算の時に仕訳を行う。
① 期首商品棚卸高（繰越商品勘定の前期繰越高）を仕入勘定の借方に振り替える。

> （借方）仕　　　入　×××　（貸方）繰 越 商 品　×××

② 期末商品棚卸高を繰越商品勘定の借方と仕入勘定の貸方に記入する。

> （借方）繰 越 商 品　×××　（貸方）仕　　　入　×××

③ 仕入勘定の借方残高（＝売上原価）を損益勘定の借方に振り替える。

> （借方）損　　　益　×××　（貸方）仕　　　入　×××

④ 売上勘定の貸方残高（＝当期純売上高）を損益勘定の貸方に振り替える。

> （借方）売　　　上　×××　（貸方）損　　　益　×××

　以上の仕訳により，仕入勘定で売上原価が計算され（①～②：決算整理仕訳），損益勘

定において商品売買損益が算定される（③〜④：決算振替仕訳）。

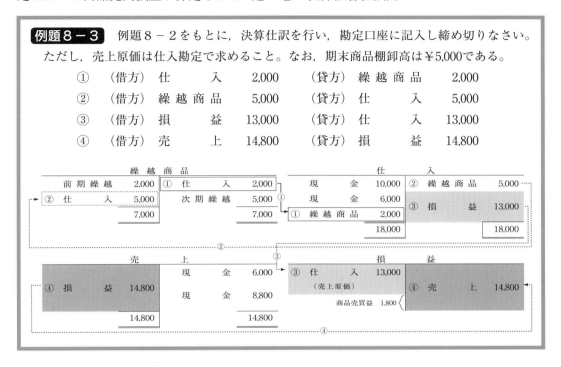

例題8−3　例題8−2をもとに，決算仕訳を行い，勘定口座に記入し締め切りなさい。
ただし，売上原価は仕入勘定で求めること。なお，期末商品棚卸高は¥5,000である。

		（借方）						（貸方）			
①		仕	入	2,000			繰 越 商 品		2,000		
②		繰 越 商 品		5,000			仕	入	5,000		
③		損	益	13,000			仕	入	13,000		
④		売	上	14,800			損	益	14,800		

(2)　売上原価勘定で売上原価を算定する方法

売上原価の算定に際し，新しく**売上原価**勘定を設定し，そこで売上原価を算定する方法である。この方法によれば，期首商品棚卸高，当期純仕入高，期末商品棚卸高を売上原価勘定に記帳し，そこにおいて算定された売上原価を損益勘定に振り替える。

① 期首商品棚卸高を売上原価勘定の借方に振り替える。

（借方）売 上 原 価 ×××　（貸方）繰 越 商 品 ×××

② 仕入勘定の借方残高（＝当期純仕入高）を売上原価勘定の借方に振り替える。

（借方）売 上 原 価 ×××　（貸方）仕 入 ×××

③ 期末商品棚卸高を繰越商品勘定の借方と売上原価勘定の貸方に記入する。

（借方）繰 越 商 品 ×××　（貸方）売 上 原 価 ×××

④ 売上原価勘定の借方残高（＝売上原価）を損益勘定の借方に振り替える。

（借方）損 益 ×××　（貸方）売 上 原 価 ×××

⑤ 売上勘定の貸方残高（＝当期純売上高）を損益勘定の貸方に振り替える。

（借方）売　　　上　×××　　（貸方）損　　　益　×××

　以上の仕訳により，売上原価勘定で売上原価が計算され（①〜③：決算整理仕訳），損益勘定において商品売買損益が算定される（④〜⑤：決算振替仕訳）。

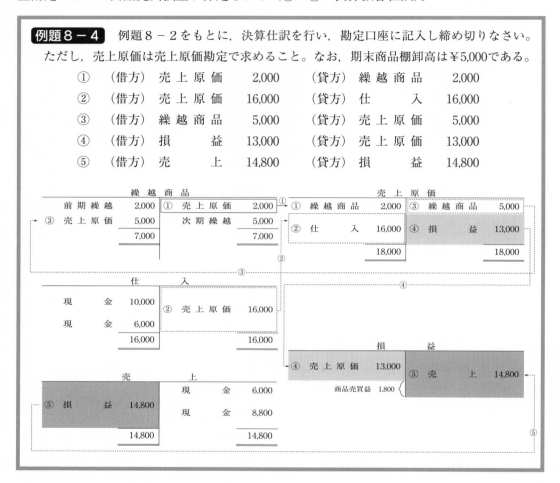

例題8-4　例題8-2をもとに，決算仕訳を行い，勘定口座に記入し締め切りなさい。
　ただし，売上原価は売上原価勘定で求めること。なお，期末商品棚卸高は¥5,000である。
　　①　（借方）売 上 原 価　　2,000　　（貸方）繰 越 商 品　　2,000
　　②　（借方）売 上 原 価　16,000　　（貸方）仕　　　入　16,000
　　③　（借方）繰 越 商 品　　5,000　　（貸方）売 上 原 価　　5,000
　　④　（借方）損　　　益　13,000　　（貸方）売 上 原 価　13,000
　　⑤　（借方）売　　　上　14,800　　（貸方）損　　　益　14,800

5　売掛金勘定と買掛金勘定

（1）　売掛金，買掛金

　商品売買に伴う代金の決済方法には，現金支払によるものと信用によるものとがある。信用による方法とは，将来の一定期日に現金などによって決済することを約束するものであり，信用で商品を売買する取引は一般に掛取引とよばれている。掛取引により生じる債権，債務が売掛金と買掛金である。
　売掛金とは商品を掛で売り渡した時に発生する債権であり，**買掛金**とは商品を掛で仕入

れた時に発生する債務である。それぞれ，売掛金勘定，買掛金勘定を用いて処理する。

また，得意先または仕入先が少ない場合に，売掛金勘定と買掛金勘定の代わりに取引先名を勘定科目として用いることがある。これを**人名勘定**という。

例題8-5　次の取引を三分法により仕訳をしなさい。

１．商品¥50,000（原価¥40,000）を掛で仕入れた。

　　　　　（借方）　仕　　　　　入　　50,000　　　（貸方）　買　掛　金　　50,000

２．商品¥30,000（原価¥24,000）を売り渡し，代金は掛とした。

　　　　　（借方）　売　掛　金　　30,000　　　（貸方）　売　　　　　上　　30,000

３．明石株式会社から商品¥90,000を仕入れ，代金は掛とし，人名勘定を用いて処理した。

　　　　　（借方）　仕　　　　　入　　90,000　　　（貸方）　明石株式会社　　90,000

４．西宮株式会社に商品¥80,000を売り渡し，代金は掛とし，人名勘定を用いて処理した。

　　　　　（借方）　西宮株式会社　　80,000　　　（貸方）　売　　　　　上　　80,000

（2）　クレジット売掛金

商品を販売するとき，顧客のクレジットカードにより決済されることがある（第12章7も参照）。この場合，代金は顧客からではなく，後日に信販会社から決済されることになるが，信販会社より代金を決済されるまでの間は，**クレジット売掛金**勘定で処理する。その際，信販会社に対しクレジット手数料を負担することになるが，これについては，**支払手数料**勘定を用いて処理する。

例題8-6　次の一連の取引を仕訳しなさい。なお，商品売買の処理は，三分法によるものとする。

①　商品¥20,000（原価¥18,000）を販売し，代金はクレジットカードにより決済された。信販会社へのクレジット手数料は販売額の2％であり，販売時に計上する。

　　（借方）　クレジット売掛金　　19,600　　　（貸方）　売　　　　　上　　20,000

　　　　　　　支払手数料　　　　　　400

②　上記の商品販売代金（2％のクレジット手数料を差し引いた当社の手取金）が，信販会社より当社の当座預金口座に振り込まれた。

　　（借方）　当　座　預　金　　19,600　　　（貸方）　クレジット売掛金　　19,600

6　注意すべきその他の処理

(1)　仕入諸掛の処理

　商品の仕入に付随して，買主が引取運賃，購入手数料などの諸経費を支払うことがある。これらの**付随費用**を**仕入諸掛**といい，それが買主負担の場合，商品の仕入原価に含める。

例題8－7　次の取引を仕訳しなさい。

1．仁川商事株式会社から商品¥180,000を仕入れ，引取運賃¥1,500（買主負担）と合わせて現金で支払った。

　（借方）仕　　　入　181,500　（貸方）現　　　金　181,500

2．宝塚株式会社から商品¥300,000を掛で仕入れた。引取運賃¥10,000（買主負担）は現金で支払った。

　（借方）仕　　　入　310,000　（貸方）買　掛　金　300,000
　　　　　　　　　　　　　　　　　　　　現　　　金　 10,000

---

(2)　売上諸掛の処理

　商品を売り渡すときに売主が支払った発送費，荷造費などの諸経費を**売上諸掛**という。売上諸掛を売主が負担する場合は，発送費などの費用の各勘定を用いて処理する。

　売上諸掛が買主負担の場合，商品代金に売上諸掛を加えた金額を売上勘定の貸方に記入し，立替えた売上諸掛の金額を掛代金に含めて処理する。また，売上諸掛の金額を発送費などの費用の各勘定にも記入する。

例題8－8　次の取引の仕訳をしなさい。

1．西宮株式会社に商品¥40,000を掛で売り渡し，その際の発送費（売主負担）¥5,000を現金で支払った。

　（借方）売　掛　金　40,000　（貸方）売　　　上　40,000
　　　　　発　送　費　 5,000　　　　　現　　　金　 5,000

2．神戸株式会社に商品¥50,000を掛で売り渡し，発送費¥3,000（買主負担）を含めた¥53,000を掛とした。また，同時に配送業者へ商品を引き渡し，発送費¥3,000は現金で支払った。

　（借方）売　掛　金　53,000　（貸方）売　　　上　53,000
　　　　　発　送　費　 3,000　　　　　現　　　金　 3,000

〔解説〕2．発送費を掛代金に含めているため，その売上諸掛は買主負担であることがわかる。

---

(3) 仕入戻し（仕入返品）の処理

品質上の欠陥，品違いなどにより仕入れた商品を返品することを**仕入戻し（仕入返品）**という。これは仕入高の減少項目であるから，仕入時と反対の処理，つまり仕入勘定の貸方に記入する。

例題8－9　次の取引を仕訳しなさい。

大阪株式会社から掛で仕入れた商品の一部に汚損があり，¥3,500の返品をした。

（借方）買　掛　金　3,500　（貸方）仕　　　入　3,500

---

(4) 売上戻り（売上返品）の処理

仕入戻しを売主側から見た場合，**売上戻り（売上返品）**となる。これは売上高の減少項目であるから，売上時と反対の処理，つまり売上勘定の借方に記入する。

例題8－10　東京株式会社に掛で売り渡した商品の一部に破損があり，¥6,000の返品を受けた。

（借方）売　　　上　6,000　（貸方）売　掛　金　6,000

■ Training

問題8－1　次の（　　）の中に金額を記入しなさい。なお，売上総利益がマイナスの場合はその金額に△をつけること。

	当期純売上高	当期純仕入高	期首商品棚卸高	期末商品棚卸高	売上原価	売上総利益
大阪株式会社	50,000	30,000	10,000	（　　）	32,000	（　　）
福岡株式会社	80,000	60,000	（　　）	10,000	82,000	（　　）

問題8−2　次の一連の取引を分記法で仕訳し，各勘定に転記しなさい。

8/2　仕入先より商品230個@￥150を現金で買い入れた。

　8　仕入先より商品120個@￥145を現金で買い入れた。

12　得意先に商品80個（原価@￥150）を@￥200で売り渡し，代金は現金で受け取った。

16　得意先に商品100個（原価@￥150）を@￥210で売り渡し，代金は現金で受け取った。

	借 方 科 目	金 額	貸 方 科 目	金 額
8/2				
8				
12				
16				

現　　　　　金	商　　　　　品

商 品 売 買 益

問題8−3　次の取引を三分法で仕訳し，各勘定に転記しなさい。

9/4　商品￥30,000を仕入れ，代金は現金で支払った。

　9　商品￥24,000（原価￥19,200）を売り渡し，代金は現金で受け取った。

15　商品￥25,000を仕入れ，代金は現金で支払った。

20　商品￥17,000（原価￥13,600）を売り渡し，代金は現金で受け取った。

	借 方 科 目	金 額	貸 方 科 目	金 額
9／4				
9				
15				
20				

```
        繰　越　商　品                        売            上
前期繰越    10,000 |                         |

        仕          入
                   |
```

問題8－4　下記の勘定記入をもとに，決算整理仕訳と決算振替仕訳を行い，各勘定に転記をし，損益勘定以外の勘定を締め切りなさい。ただし，売上原価は仕入勘定で求めること。なお，期末商品棚卸高は¥15,000である。

```
        繰　越　商　品                        売            上
前期繰越    10,000 |                         | 現　金    9,000
                  |                         | 現　金   30,000


        仕          入                        損            益
現　金    15,000 |                         |
現　金    21,000 |                         |
```

借 方 科 目	金 額	貸 方 科 目	金 額

問題8-5　次の資料から，決算整理仕訳と決算振替仕訳を行い，あわせて各勘定について必要な記入・転記をしなさい（損益勘定以外は締め切り，開始記入も行うこと）。ただし，商品売買の処理は三分法によるものとし，売上原価は仕入勘定で求めること。なお，当期中の仕入高および売上高は，便宜上，それぞれ一括して勘定に記入するものとする。また，転記に際しては，相手勘定科目と金額を記入するものとする。

| 期首商品棚卸高 | ¥120,000 | 期末商品棚卸高 | ¥130,000 |
| 当期商品仕入高 | ¥540,000 | 当期商品売上高 | ¥740,000 |

借　方　科　目	金　　額	貸　方　科　目	金　　額

	繰　越　商　品　　　　3	
前期繰越		

	売　　　　上　　　　7	
	売　上　高	

	仕　　　　入　　　　9	
仕　入　高		

	損　　　　益　　　　12	

問題8-6　問題8-5の資料から，決算整理仕訳と決算振替仕訳を行い，あわせて各勘定について必要な記入・転記をしなさい（損益勘定以外は締め切り，開始記入も行うこと）。ただし，商品売買の処理は三分法によるものとし，売上原価は売上原価勘定で求めること。なお，当期中の仕入高および売上高は，便宜上，それぞれ一括して勘定に記入するものとする。また転記に際しては，相手勘定科目と金額を記入するものとする。

借　方　科　目	金　　額	貸　方　科　目	金　　　額

繰　越　商　品　　　3		売　　　　上　　　7	
前期繰越			売上高

仕　　　入　　　9		売　上　原　価　　11	
仕入高			

		損　　　　益　　　12	

問題8-7　次の取引を仕訳しなさい。なお，商品売買の処理は，三分法によるものとする。

(1) 京都株式会社から商品¥3,600を仕入れ，代金は掛とした。

(2) 西宮株式会社から商品¥3,000を仕入れ，代金のうち半額は現金で受け取り，残額は掛とした。

(3) 神戸株式会社に商品¥4,600を掛で売り渡した。

(4) 大阪株式会社に商品¥8,000を売り渡し，代金のうち¥3,000は現金で受け取り，残額は掛とした。

(5) 京都株式会社に対する買掛代金のうち，¥3,000を現金で支払った。

(6) 神戸株式会社に対する売掛代金のうち，¥4,000を現金で回収した。

	借　方　科　目	金　　額	貸　方　科　目	金　　額
(1)				
(2)				
(3)				
(4)				
(5)				
(6)				

問題8−8　次の取引を人名勘定を用いて仕訳しなさい。なお，商品売買の処理は，三分法によるものとする。

(1) 姫路株式会社から商品¥9,000を仕入れ，代金は掛とした。

(2) 姫路株式会社への掛代金の一部¥5,000を現金で支払った。

(3) 明石株式会社に商品¥7,000を売り渡し，代金は掛とした。

(4) 明石株式会社から掛代金¥7,000を現金で回収した。

	借　方　科　目	金　　額	貸　方　科　目	金　　額
(1)				
(2)				
(3)				
(4)				

問題8−9　次の取引を仕訳しなさい。なお，商品売買の処理は，三分法によるものとする。

(1) 商品¥80,000を販売し，代金はクレジットカードにより決済された。信販会社へのクレジット手数料は¥2,000であり，販売時に計上する。

(2) (1)の商品販売代金（クレジット手数料を差し引いた手取額）が，信販会社から当社の普通預金口座に振り込まれた。

(3) 商品600個@¥100をクレジットカード販売により売り上げた。なお，手数料は販売代金の3％であり，販売時に信販会社に対する債権から差し引くものとする。

(4) (3)の信販会社に対する債権が決済され，手数料を差し引いた手取額が当社の当座預金口座に振り込まれた。

	借　方　科　目	金　　額	貸　方　科　目	金　　額
(1)				
(2)				
(3)				
(4)				

問題8-10　次の取引を仕訳しなさい。なお，商品売買の処理は，三分法によるものとする。

(1) 京都株式会社から商品¥300,000を仕入れ，代金は掛とした。なお，引取運賃¥1,500は現金で支払った。

(2) 西宮株式会社へ商品400,000を売り上げ，代金は掛とした。なお，この商品の発送費（売主負担）¥5,000は現金で支払った。

(3) 神戸株式会社に商品¥600,000を掛で売り渡し，発送費¥6,000（買主負担）を含めた合計額を掛とした。なお，同時に配送業者へこの商品を引き渡し，発送費¥6,000を現金で支払った。

(4) 京都株式会社から掛で仕入れた商品¥20,000に汚損があり，返品した。

(5) 西宮株式会社に掛で売り上げた商品¥100,000が，品違いのため返品された。

(6) 神戸株式会社に対する売掛代金¥425,000のうち，¥25,000は品質不良のため返品され，残額は現金で回収した。

(7) 奈良株式会社へ次のとおり商品を販売し，代金のうち¥100,000は現金で受け取り，発送費¥4,000（買主負担）を含めた残額を掛とした。なお，同時に配送業者へこの商品を引き渡し，発送費¥4,000を現金で支払った。

A商品　20個　@¥5,000
B商品　50個　@¥3,600

	借　方　科　目	金　　額	貸　方　科　目	金　　額
(1)				
(2)				
(3)				
(4)				
(5)				

	借　方　科　目	金　額	貸　方　科　目	金　額
(6)				
(7)				

問題８－11　次の取引を仕訳しなさい。なお，商品売買の処理は，三分法によるものとする。

10/4　京都株式会社から商品￥400,000を掛で仕入れ，引取運賃￥20,000は現金で支払った。

　7　上記商品のうち，￥20,000は品違いのため返品した。

　14　神戸株式会社へ商品￥95,000を掛で売り渡し，発送費（売主負担）￥3,500を現金で支払った。

　21　大阪株式会社へ商品￥80,000を掛で売り渡し，発送費￥2,000（買主負担）を含めた￥82,000を掛とした。また，同時に配送業者へ商品を引き渡し，発送費￥2,000は現金で支払った。

　28　上記商品のうち，一部品質不良のため￥5,000の返品された。

	借　方　科　目	金　額	貸　方　科　目	金　額
10/4				
7				
14				
21				
28				

問題８－12　次の取引について，大阪株式会社と東京株式会社のそれぞれの立場で仕訳を行いなさい。なお，商品売買の処理は，三分法によるものとする。

5/2　大阪株式会社は東京株式会社へ商品￥300,000を掛で売り渡し，発送費￥2,500（東京株式会社負担）を含めた￥302,500を掛とした。また，同時に配送業者へ商品を引き渡し，発送費￥2,500は現金で支払った。

　9　大阪株式会社は東京株式会社に商品￥100,000を売り渡し，代金は現金で受け取った。その際，大阪株式会社は，発送費（大阪株式会社負担）￥1,500を現金で支払った。

〈大阪株式会社〉

	借 方 科 目	金 額	貸 方 科 目	金 額
5/2				
9				

〈東京株式会社〉

	借 方 科 目	金 額	貸 方 科 目	金 額
5/2				
9				

問題8-13 次の資料から，下記の（　　　　）内に適当な金額を記入しなさい。

期 首 商 品 棚 卸 高	¥360,000	総 仕 入 高	¥540,000
総 売 上 高	¥890,000	仕 入 戻 し 高	¥ 23,000
売 上 戻 り 高	¥ 43,000	期 末 商 品 棚 卸 高	¥290,000

<u>　売 上 原 価 の 計 算　</u>

期 首 商 品 棚 卸 高	¥（　　　　）
当 期 仕 入 高	¥（　　　　）
小 　 　 計	¥（　　　　）
期 末 商 品 棚 卸 高	¥（　　　　）
売 上 原 価	¥（　　　　）

<u>　売 上 総 利 益 の 計 算　</u>

売 上 高	¥（　　　　）
売 上 原 価	¥（　　　　）
売 上 総 利 益	¥（　　　　）

問題8-14 次の（　　）の中に適当な金額を記入しなさい。

	商品棚卸高		総仕入高	総売上高	仕入戻し高	売上戻り高	売上原価	売上総利益
	期首	期末						
1	6,000	（　　）	48,000	（　　）	300	600	45,900	10,500
2	（　　）	4,800	36,000	44,000	400	（　　）	36,800	6,600

第 9 章

商品売買の処理（その２）

1 会計帳簿と帳簿組織

　第５章では，企業が簿記処理を行うにあたって必ず設けなければならない会計帳簿として，仕訳帳と総勘定元帳の記帳方法を学習した。主要簿とよばれるこれら２つの帳簿は，複式簿記に必要不可欠な帳簿であるが，企業はこれらに加えて，主要簿の記録を補うための帳簿を必要に応じて設けることがある。そのような帳簿は補助簿とよばれ，それはさらに**補助記入帳**と**補助元帳**の２種類に分類される。

　補助記入帳は，取引の明細を発生順に記録する帳簿であり，主として仕訳帳に関連する帳簿である。補助元帳は，特定の勘定における内訳明細を記入する帳簿であり，主として総勘定元帳に関連する帳簿である。下の図は，会計帳簿の分類を示している。本章では，商品売買に関する補助簿の記帳方法について学習する。

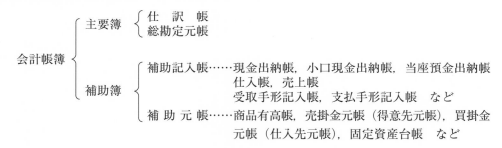

2 仕入帳

　商品の仕入取引の明細を記録するための補助簿（補助記入帳）として，**仕入帳**が用いられる。仕入取引については，仕訳帳に仕訳し，総勘定元帳の仕入勘定の借方に転記するが，それだけでは仕入取引の詳細な内容について知ることができない。そこで，仕入帳に発生日順に仕入先，商品名，数量，単価，代金支払方法などを記帳する。なお，仕入帳の様式

と記帳方法は例題9−1に示すとおりであるが，作成上は次の点に注意しなければならない。

① 2種類以上の商品を仕入れた時には，それぞれの金額を内訳欄に記入する。

② 引取運賃などの仕入諸掛は，仕入代金と区別して内訳欄に記入し，取引ごとに仕入代金と合計して金額欄に記入する。

③ 仕入戻し（仕入れた商品の返品）高については赤字で記入する。

④ 仕入帳の締切りに際しては，まず総仕入高を算定し，それから仕入戻し高を控除して純仕入高を算定する。

例題9−1　次の取引を仕入帳に記入し，締め切りなさい。

6月2日　仙台株式会社から下記の商品を掛で仕入れた。

　　　　　パソコン　20台　@¥200,000

　　　　　プリンタ　15台　@¥120,000

　　4日　上記商品のうち，プリンタ2台が破損していたため返品した。

　　15日　青森株式会社からファックス5台@¥80,000を掛で仕入れた。なお，引取運賃¥10,000は現金で支払った。

（解）

仕　入　帳

×　年		摘　　　　　　　　　要	内　訳	金　額
6	2	仙台株式会社　　　　掛		
		パソコン　　20台　@¥200,000	4,000,000	
		プリンタ　　15台　@¥120,000	1,800,000	5,800,000
	4	**仙台株式会社　　　掛戻し**		
		プリンタ　　2台　@¥120,000		**240,000**
	15	青森株式会社　　　　掛		
		ファックス　5台　@¥80,000	400,000	
		引取運賃現金支払	10,000	410,000
	30	総　仕　入　高		6,210,000
		仕　入　戻　し　高		**240,000**
		純　仕　入　高		5,970,000

（注）太文字は赤字を示している。

主要簿の仕訳帳の仕入勘定と補助簿の仕入帳の記入内容は，次のような関係がある。

仕　　訳　　帳		仕　　　入　　　帳
仕入勘定の借方合計	＝	総　仕　入　高
仕入勘定の貸方合計	＝	仕　入　戻　し　高
仕入勘定の借方残高	＝	純　仕　入　高

3　売上帳

　商品の売上取引の明細を記録するための補助簿（補助記入帳）として，**売上帳**が用いられる。売上取引については，仕訳帳に仕訳し，総勘定元帳の売上勘定の貸方に転記するが，それだけでは売上取引の詳細な内容について知ることができない。そこで，売上帳に発生日順に得意先，商品名，数量，単価，代金回収方法などを記帳する。なお，売上帳の様式と記帳方法は仕入帳と同じである。

例題９−２　次の取引を売上帳に記入し，締め切りなさい。

6月11日　秋田株式会社にパソコン15台 @¥260,000を掛で売り渡した。

　　18日　上記商品のうち1台が破損していたため返品されてきた。

　　24日　千葉株式会社にプリンタ8台 @¥150,000を販売し，代金のうち¥500,000は現金で受け取り，残額は掛とした。

(解)

売　　　上　　　帳

×　年		摘　　　　　　　　　　　要		内　　訳	金　　額
6	11	秋田株式会社	掛		
		パソコン　　15台	@¥260,000		3,900,000
	18	**秋田株式会社**	**掛戻り**		
		パソコン　　1台	**@¥260,000**		**260,000**
	24	千葉株式会社	諸口		
		プリンタ　　8台	@¥150,000		1,200,000
	30		総　売　上　高		5,100,000
			売　上　戻　り　高		**260,000**
			純　売　上　高		4,840,000

(注) 太文字は赤字を示している。24日の「諸口」は，「現金および掛」のように具体的な代金決済方法を記入する方法もある。

　主要簿の仕訳帳の売上勘定と補助簿の売上帳の記入内容は，次のような関係がある。

仕　訳　帳		売　上　帳
売上勘定の貸方合計	＝	総　売　上　高
売上勘定の借方合計	＝	売　上　戻　り　高
売上勘定の貸方残高	＝	純　売　上　高

4　商品有高帳

商品有高帳は，商品の種類ごとに口座を設け，その受渡の内容（日付，数量，単価，金額）や手許有高を記録する補助簿（補助元帳）である。商品有高帳は，常に商品の種類ごとの在庫状態（数量と金額）を明らかにするので，在庫管理に用いられる。また決算に際して，期末商品棚卸高と売上原価を計算するためにも用いられる。

商品有高帳の作成にあたっては，次の点に注意しなければならない。

① 単価欄および金額欄には，すべて原価で記入する。
② 摘要欄には，取引内容を記入する。
③ 受入欄には，前月繰越高，仕入高（仕入諸掛を含む）を記入する。
④ 払出欄には，払出高（売上原価）を記入する。
⑤ 帳簿を締め切る時には，直前の取引日の残高欄の数量，単価，金額を払出欄に赤字で繰越記入し，受入欄と払出欄のそれぞれの数量と金額の合計を一致させる。
⑥ 仕入戻しは，払出欄に記入し，残高欄の数量と金額を修正する。
⑦ 売上戻りは，受入欄に記入し，残高欄の数量と金額を修正する。

商品有高帳を作成する場合に問題となるのは，同一種類の商品であっても仕入単価が異なる場合である。仕入単価が2種類以上ある場合，販売された商品の価額と残高を計算するために，どの払出単価を用いるかを決定しなければならない。販売された商品の払出単価を決定する方法には，先入先出法や移動平均法など，各種の方法がある。

（1）　先入先出法（買入順法）

先入先出法は，先に受け入れた商品から順に販売されると仮定して，販売された商品の払出単価を決定する方法である。したがって，売上原価は古い時期に仕入れた商品の原価で算定され，期末商品棚卸高は最近に仕入れた商品の原価で算定されることになる。この方法で商品有高帳を作成する際に，仕入単価が2種類以上ある場合には，数量，単価，金額を仕入単価ごとに並記しなければならない。

例題9－3　次の資料に基づいて，先入先出法によって商品有高帳に記入し，締め切り
なさい。また，6月中の売上高，売上原価および売上総利益も計算しなさい。

資料：6月1日　前月繰越　ボールペン　50個　@¥400

　　　　8日　仕　　入　ボールペン　150個　@¥470

　　　　　　　　　　他に，引取運賃¥1,500を現金で支払った。

　　　　10日　売　　上　ボールペン　100個　@¥600（売価）

　　　　15日　仕　　入　ボールペン　100個　@¥520

　　　　18日　15日仕入分のうち50個を返品した。

　　　　24日　売　　上　ボールペン　80個　@¥600（売価）

（解）

商 品 有 高 帳

〈先入先出法〉　　　　　　　　　　品名：ボールペン　　　　　　　　　　（単位：円）

×年		摘　　要	受	入		払	出		残	高	
			数　量	単　価	金　額	数　量	単　価	金　額	数　量	単　価	金　額
6	1	前月繰越	50	400	20,000				50	400	20,000
	8	仕　　入	150	480	72,000				150	480	72,000
	10	売　　上				50	400	20,000			
						50	480	24,000	100	480	48,000
	15	仕　　入	100	520	52,000				100	520	52,000
	18	仕入戻し				50	520	26,000	100	480	48,000
									50	520	26,000
	24	売　　上				80	480	38,400	20	480	9,600
									50	520	26,000
	30	**次月繰越**				**20**	**480**	**9,600**			
						50	**520**	**26,000**			
			300		144,000	300		144,000			
7	1	前月繰越	20	480	9,600				20	480	9,600
			50	520	26,000				50	520	26,000

（注）　太文字は赤字を示している。

売　　上　　高	売　上　原　価	売　上　総　利　益
¥　108,000	¥　82,400	¥　25,600

商品有高帳の記入方法には，下記のように行を詰めない方法（8日，15日参照）もある。

商 品 有 高 帳

〈先入先出法〉　　　　　　　　品名：ボールペン　　　　　　　　（単位：円）

×年		摘　要	受	入		払	出		残	高	
			数量	単価	金　額	数量	単価	金　額	数量	単価	金　額
6	1	前月繰越	50	400	20,000				50	400	20,000
	8	仕　入	150	480	72,000				50	400	20,000
									150	480	72,000
	10	売　上				50	400	20,000			
						50	480	24,000	100	480	48,000
	15	仕　入	100	520	52,000				100	480	48,000
									100	520	52,000

(2)　移動平均法

　移動平均法は，仕入単価の異なる商品を受け入れるつど，仕入前残高金額と受入金額の合計額を仕入前残高数量と受入数量の合計数量で除して平均単価を求め，この平均単価で払出価額を計算する方法である。

例題9－4　例題9－3の資料に基づいて，移動平均法によって商品有高帳に記入し，締め切りなさい。また，6月中の売上高，売上原価および売上総利益も計算しなさい。

（解）

商 品 有 高 帳

〈移動平均法〉　　　　　　　　品名：ボールペン　　　　　　　　（単位：円）

×年		摘　要	受	入		払	出		残	高	
			数量	単価	金　額	数量	単価	金　額	数量	単価	金　額
6	1	前月繰越	50	400	20,000				50	400	20,000
	8	仕　入	150	480	72,000				200	460	92,000
	10	売　上				100	460	46,000	100	460	46,000
	15	仕　入	100	520	52,000				200	490	98,000
	18	仕入戻し				50	520	26,000	150	480	72,000
	24	売　上				80	480	38,400	70	480	33,600
	30	**次月繰越**				**70**	**480**	**33,600**			
			300		144,000	300		144,000			
7	1	前月繰越	70	480	33,600				70	480	33,600

（注） 太文字は赤字を示している。

売　　上　　高	売　上　原　価	売　上　総　利　益
￥　108,000	￥　84,400	￥　23,600

以下の各日付の残高欄に記入される単価は，それぞれ次の式によって求められる。

$$8日：\frac{仕入前残高金額￥20,000＋受入金額￥72,000}{仕入前数量50個＋受入数量150個}＝￥460$$

$$15日：\frac{仕入前残高金額￥46,000＋受入金額￥52,000}{仕入前数量100個＋受入数量100個}＝￥490$$

$$18日：\frac{仕入戻し前残高金額￥98,000－仕入戻し金額￥26,000}{仕入戻し前数量200個－仕入戻し数量50個}＝￥480$$

5　売掛金元帳（得意先元帳）と買掛金元帳（仕入先元帳）

　掛取引にあたっては，取引先ごとの売掛金や買掛金の増減と残高を知る必要がある。そこで，総勘定元帳に売掛金勘定と買掛金勘定を開設して売掛金と買掛金の各総額を明らかにするとともに，これとは別に**売掛金元帳**（**得意先元帳**）と**買掛金元帳**（**仕入先元帳**）という補助簿（補助元帳）を作成する。売掛金元帳と買掛金元帳は，取引先別に人名勘定を開設したものであり，取引先ごとの売掛金勘定と買掛金勘定の内訳明細を記録するための補助元帳である。

　総勘定元帳の売掛金勘定と買掛金勘定の借方合計と貸方合計は，補助元帳としての売掛金元帳と買掛金元帳の借方合計と貸方合計の総額とそれぞれ一致する。したがって，売掛金勘定と買掛金勘定は売掛金元帳と買掛金元帳の人名勘定を集合し，統制する勘定となる。このような役割を果たしている勘定を，**統制勘定**（**総括勘定**）という。

例題9−5　次の資料に基づいて，売掛金元帳と買掛金元帳に記入しなさい。

資料：10月1日　　売掛金および買掛金の残高は，次のとおりである。

　　　　　　　　　売掛金残高￥1,500,000（内訳　大阪株式会社￥800,000，奈良株式会社￥700,000）

　　　　　　　　　買掛金残高￥1,100,000（内訳　京都株式会社￥650,000，岡山株式会社￥450,000）

　　　　5日　　大阪株式会社に商品￥710,000を販売し，代金は掛とした。

　　　　10日　　京都株式会社から商品￥880,000，岡山株式会社から商品￥370,000をそれぞれ仕入れ，代金は掛とした。

　　　　15日　　奈良株式会社に商品￥560,000を販売し，代金は掛とした。

20日　京都株式会社に対する買掛金¥530,000を現金で支払った。

25日　大阪株式会社に対する売掛金¥870,000，奈良株式会社に対する売掛金¥420,000をそれぞれ現金で回収した。

30日　岡山株式会社に対する買掛金¥380,000を現金で支払った。

（解）

売 掛 金 元 帳
大 阪 株 式 会 社

×年		摘　　　　　　要	借　　方	貸　　方	借/貸	残　　高
10	1	前月繰越	800,000		借	800,000
	5	売　上	710,000		〃	1,510,000
	25	入　金		870,000	〃	640,000
	31	次月繰越		640,000		
			1,510,000	1,510,000		
11	1	前月繰越	640,000		借	640,000

奈 良 株 式 会 社

×年		摘　　　　　　要	借　　方	貸　　方	借/貸	残　　高
10	1	前月繰越	700,000		借	700,000
	15	売　上	560,000		〃	1,260,000
	25	入　金		420,000	〃	840,000
	31	次月繰越		840,000		
			1,260,000	1,260,000		
11	1	前月繰越	840,000		借	840,000

買 掛 金 元 帳
京 都 株 式 会 社

×年		摘　　　　　　要	借　　方	貸　　方	借/貸	残　　高
10	1	前月繰越		650,000	貸	650,000
	10	仕　入		880,000	〃	1,530,000
	20	支　払	530,000		〃	1,000,000
	31	次月繰越	1,000,000			
			1,530,000	1,530,000		
11	1	前月繰越		1,000,000	貸	1,000,000

岡 山 株 式 会 社

×年		摘　　　　　要	借　　方	貸　　方	借/貸	残　　高
10	1	前月繰越		450,000	貸	450,000
	10	仕　　入		370,000	〃	820,000
	30	支　　払	380,000		〃	440,000
	31	**次月繰越**	**440,000**			
			820,000	820,000		
11	1	前月繰越		440,000	貸	440,000

（注）　太文字は赤字を示している。

　なお，上記の売掛金元帳および買掛金元帳の形式は残高式であるが，総勘定元帳と同様に，標準式（Ｔ型）で示すこともできる（元帳の形式については第５章を参照）。総勘定元帳の売掛金勘定と売掛金元帳，総勘定元帳の買掛金勘定と買掛金元帳の関係を示すと，下図のようになる。

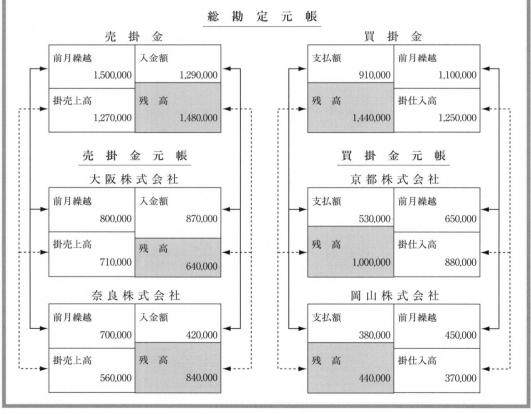

6　売掛金明細表と買掛金明細表

売掛金元帳と買掛金元帳に基づいて，両者の様式を簡略化した明細表が**売掛金明細表**と**買掛金明細表**である。売掛金と買掛金に関する取引先別の一覧表として作成されるため，それによって売掛金勘定と買掛金勘定の残高と補助元帳の残高が一致することを確かめることができる。

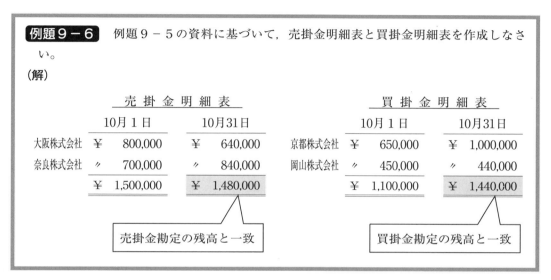

例題9-6　例題9-5の資料に基づいて，売掛金明細表と買掛金明細表を作成しなさい。

（解）

売　掛　金　明　細　表	10月1日	10月31日
大阪株式会社	¥　800,000	¥　640,000
奈良株式会社	〃　700,000	〃　840,000
	¥　1,500,000	¥　1,480,000

売掛金勘定の残高と一致

買　掛　金　明　細　表	10月1日	10月31日
京都株式会社	¥　650,000	¥　1,000,000
岡山株式会社	〃　450,000	〃　440,000
	¥　1,100,000	¥　1,440,000

買掛金勘定の残高と一致

Training

問題9-1　次の取引を仕入帳に記入し，締め切りなさい。

5月1日　神戸株式会社から次のとおり商品を仕入れ，代金は掛とした。なお，その際に引取運賃¥300を現金で支払った。

　　　　A商品　　　　100個　　　　@¥150　　　　¥15,000

　16日　京都株式会社から次のとおり商品を仕入れ，代金のうち¥12,000は現金で支払い，残額は掛とした。

　　　　A商品　　　　50個　　　　@¥180　　　　¥9,000
　　　　B商品　　　　100個　　　　@¥120　　　　¥12,000

　20日　京都株式会社から仕入れたA商品のうち10個を品違いのため返品した。

仕　　入　　帳

×　年	摘　　　　　要	内　訳	金　額

問題9－2　　次の取引について(1)仕訳を行い，(2)仕入勘定に転記し，(3)仕入帳に記入するとともに，締め切りなさい。ただし，商品売買に関する処理は三分法によること。

6月1日　福岡株式会社から次のとおり商品を仕入れ，代金は掛とした。なお，その際に引取運賃￥2,000を現金で支払った。

　　　　　　トレーナー　　150枚　　　@￥2,000　　　￥300,000
　　　　　　Ｔシャツ　　　80枚　　　@￥1,000　　　￥80,000

　8日　6月1日に福岡株式会社から仕入れた商品のうち，以下の商品を不良品のため返品した。

　　　　　　トレーナー　　10枚　　　@￥2,000　　　￥20,000

　25日　鹿児島株式会社から次のとおり商品を仕入れ，代金のうち￥250,000は現金で支払い，残額は掛とした。

　　　　　　トレーナー　　80枚　　　@￥2,100　　　￥168,000
　　　　　　Ｔシャツ　　　120枚　　　@￥1,200　　　￥144,000

(1) 仕訳

	借　方　科　目	金　　額	貸　方　科　目	金　　額
6/1				
8				
25				

(2) 勘定記入（転記）

仕　　　　　入

(3) 仕入帳記入

仕　　入　　帳

×　年		摘　　　　　　　　　要	内　　訳	金　　額

問題9－3　次の取引を売上帳に記入し，締め切りなさい。

6月10日　大阪株式会社へ次のとおり商品を販売し，代金は掛とした。

B商品	10個	@¥150	¥ 1,500
C商品	100個	@¥190	¥19,000

11日　大阪株式会社へ販売したC商品10個が破損していたため返品されてきた。

売　　上　　帳

×　年	摘　　　　　　要	内　訳	金　額

問題9－4　次の取引について(1)仕訳を行い，(2)売上勘定に転記し，(3)売上帳に記入するとともに，締め切りなさい。ただし，商品売買に関する処理は三分法によること。

10月1日　神戸株式会社へ次のとおり商品を販売し，代金は掛とした。なお，その際に発送費（売主負担）¥3,000を現金で支払った。

A商品	20個	@¥8,000	¥160,000
B商品	20個	@¥6,000	¥120,000

12日　10月1日に神戸株式会社へ販売した商品に不良品があり，次のとおり返品された。

A商品	12個	@¥8,000	¥96,000

24日　東京株式会社へ次のとおり商品を販売し，代金のうち¥300,000は現金で受け取り，残額は掛とした。

A商品	25個	@¥9,000	¥225,000
B商品	40個	@¥5,500	¥220,000

(1)　仕訳

	借　方　科　目	金　額	貸　方　科　目	金　額
10/ 1				
12				
24				

(2)　勘定記入（転記）

売　　　　上

(3)　売上帳記入

売　　上　　帳

×　年		摘　　　　　　　　要	内　訳	金　額

問題9-5　次の資料に基づいて，先入先出法によって商品有高帳に記入し，締め切りなさい。また，6月中の売上高，売上原価および売上総利益も計算しなさい。

資　料：6月5日　仕　入　ブラウス　40枚　@¥600
　　　　　12日　仕　入　ブラウス　60枚　@¥615（他に引取運賃¥300を現金で支払った。）
　　　　　18日　売　上　ブラウス　80枚　@¥940（売価）
　　　　　26日　仕　入　ブラウス　20枚　@¥580
　　　　　27日　売　上　ブラウス　45枚　@¥920（売価）

商 品 有 高 帳

（先入先出法）　　　　　　　品名：ブラウス　　　　　　　〈単位：円〉

×年		摘　要	受　　入			払　　出			残　　高		
			数量	単価	金額	数量	単価	金額	数量	単価	金額
6	1	前月繰越	20	600	12,000				20	600	12,000
	5	仕　入	40	600	24,000				60	600	36,000
	12	仕　入	60	620	37,200				60	600	36,000
									60	620	37,200
	18	売　上				60	600	36,000			
						20	620	12,400	40	620	24,800
	26	仕　入	20	580	11,600				40	620	24,800
									20	580	11,600
	27	売　上				40	620	24,800			
						5	580	2,900	15	580	8,700
	30	次月繰越				15	580	8,700			
			140		84,800	140		84,800			
7	1	前月繰越	15	580	8,700				15	580	8,700

売　上　高	売上原価	売上総利益
¥ 116,600	¥ 76,100	¥ 40,500

問題9-6　問題9-5の資料に基づいて，移動平均法によって商品有高帳に記入し，締め切りなさい。また，6月中の売上高，売上原価および売上総利益も計算しなさい。

商　品　有　高　帳

（移動平均法）　　　　　　　　　　品名：ブラウス　　　　　　　　　　〈単位：円〉

×年		摘　　要	受	入		払	出		残	高	
			数　量	単　価	金　額	数　量	単　価	金　額	数　量	単　価	金　額
6	1	前月繰越	20	600	12,000				20	600	12,000

売　上　高	売　上　原　価	売　上　総　利　益
¥	¥	¥

問題9-7　次の仕入帳と売上帳の記録に基づいて，ネクタイに関する取引について⑴先入先出法によって商品有高帳に記入し，締め切りなさい。また，⑵6月中の売上原価，および⑶6月中の売上総利益も計算しなさい。

仕　　入　　帳

×年		摘　　　　要	内　　訳	金　　額
6	12	神戸株式会社　　　掛		
		ネクタイ　20本　　@¥6,000	120,000	
		ハンカチ　25枚　　@　¥800	20,000	140,000
	20	大阪株式会社　　　掛		
		ネクタイ　50本　　@¥5,600	280,000	
		スカーフ　20枚　　@¥3,200	64,000	344,000

売　上　帳

×	年	摘　　　　　要	内　訳	金　額
6	17	横浜株式会社　　　　掛		
		ネクタイ　30本　　＠¥7,000		210,000
	26	東京株式会社　　　　掛		
		ネクタイ　40本　　＠¥6,500	260,000	
		スカーフ　15枚　　＠¥4,500	67,500	327,500

(1)　商品有高帳の記入

商　品　有　高　帳

（先入先出法）　　　　　　　　　品名：ネクタイ　　　　　　　　　〈単位：円〉

×年		摘　　要	受		入	払		出	残		高
			数　量	単　価	金　額	数　量	単　価	金　額	数　量	単　価	金　額
6	1	前月繰越	20	7,000	140,000				20	7,000	140,000

(2)　売上原価の計算

月 初 商 品 棚 卸 高　¥（　　　　　　　）
当 月 商 品 仕 入 高　¥（　　　　　　　）
合　　　　　　　計　¥（　　　　　　　）
月 末 商 品 棚 卸 高　¥（　　　　　　　）
売　上　原　価　¥（　　　　　　　）

(3)　売上総利益の計算

売　　上　　高　¥（　　　　　　　）
売　上　原　価　¥（　　　　　　　）
売　上　総　利　益　¥（　　　　　　　）

問題9-8　問題9-7の仕入帳，売上帳の記録に基づいて，ネクタイに関する取引について(1)移動平均法によって商品有高帳に記入し，締め切りなさい。また，(2)6月中の売上原価，および(3)6月中の売上総利益も計算しなさい。

(1)　商品有高帳の記入

商 品 有 高 帳

（移動平均法）　　　　　　　　品名：ネクタイ　　　　　　　　〈単位：円〉

×年		摘　要	受　入			払　出			残　高		
			数　量	単　価	金　額	数　量	単　価	金　額	数　量	単　価	金　額
6	1	前月繰越	20	7,000	140,000				20	7,000	140,000

(2)　売上原価の計算

月初商品棚卸高　¥（　　　）
当月商品仕入高　¥（　　　）
合　　　計　　　¥（　　　）
月末商品棚卸高　¥（　　　）
売　上　原　価　¥（　　　）

(3)　売上総利益の計算

売　上　高　　　¥（　　　）
売　上　原　価　¥（　　　）
売　上　総　利　益　¥（　　　）

問題9-9　次の取引を売掛金元帳（京都株式会社）に記入し，締め切りなさい。

7月1日　売掛金の前月繰越高¥600,000（内訳：京都株式会社¥350,000，奈良株式会社¥250,000)

9日　京都株式会社に商品¥80,000を販売し，代金は掛とした。

15日　9日に京都株式会社に販売した商品の中に不良品があり，¥10,000が返品された。なお，代金は同社に対する売掛金から差し引いた。

24日　京都株式会社に商品¥50,000，奈良株式会社に商品¥40,000をそれぞれ販売し，代金は掛とした。

31日　京都株式会社に対する売掛金¥280,000，奈良株式会社に対する売掛金¥260,000を，それぞれ現金で回収した。

売　掛　金　元　帳

京　都　株　式　会　社

×年		摘　　　　　　　要	借　　方	貸　　方	借／貸	残　　高
7	1	前月繰越				

問題 9-10　　北海道株式会社の次の取引を買掛金元帳（山口株式会社）に記入し，締め切りなさい。なお，買掛金の前月繰越高は￥400,000（島根株式会社￥150,000, 山口株式会社￥250,000）である。

9月 7日　島根株式会社および山口株式会社から商品をそれぞれ￥180,000ずつ仕入れ，代金は掛とした。

　　 8日　山口株式会社から前日に仕入れた商品のうち，￥90,000は不良品であったので返品した。なお，代金は同社に対する買掛金から差し引いた。

　　18日　山口株式会社から商品￥160,000を仕入れ，代金は掛とした。

　　29日　島根株式会社に対する買掛金￥250,000, 山口株式会社に対する買掛金￥350,000を，それぞれ現金で支払った。

買　掛　金　元　帳

山　口　株　式　会　社

×年		摘　　　　　　　要	借　　方	貸　　方	借／貸	残　　高
9	1	前月繰越				

問題9-11 次の資料に基づいて，総勘定元帳の売掛金勘定と買掛金勘定ならびに売掛金元帳と買掛金元帳に記入しなさい。

資料：9月の取引

5日	掛売上：名古屋株式会社	￥ 8,000	札幌株式会社	￥8,000	
	掛仕入：大阪株式会社	￥15,000	神戸株式会社	￥5,000	

大阪株式会社に対する買掛金￥40,000を現金で支払った。
京都株式会社に対する買掛金￥25,000を現金で支払った。

10日	掛売上：名古屋株式会社	￥ 5,000	札幌株式会社	￥ 6,000	
	掛仕入：大阪株式会社	￥10,000	京都株式会社	￥ 4,000	

名古屋株式会社に対する売掛金￥50,000を現金で回収した。
横浜株式会社に対する売掛金￥30,000を現金で回収した。

20日	掛売上：名古屋株式会社	￥ 7,000	横浜株式会社	￥ 5,000	
	掛仕入：京都株式会社	￥10,000	神戸株式会社	￥ 5,000	

札幌株式会社に販売した商品の一部￥1,000が返品された。
神戸株式会社に対する買掛金￥10,000を現金で支払った。

30日	掛売上：名古屋株式会社	￥ 6,000	横浜株式会社	￥10,000

総 勘 定 元 帳

売　　掛　　金				買　　掛　　金	
9/1 前月繰越 170,000					9/1 前月繰越 110,000

売 掛 金 元 帳

名古屋株式会社

9/1 前月繰越 100,000		

横浜株式会社

9/1 前月繰越 50,000		

札幌株式会社

9/1 前月繰越 20,000		

買 掛 金 元 帳

大阪株式会社

	9/1 前月繰越　60,000	

京都株式会社

	9/1 前月繰越　40,000	

神戸株式会社

	9/1 前月繰越　10,000	

問題9－12　　問題9－11の資料に基づいて，売掛金明細表と買掛金明細表を作成しなさい。

売 掛 金 明 細 表

	9月1日	9月30日
名古屋株式会社	¥	¥
横浜株式会社	〃	〃
札幌株式会社	〃	〃
	¥	¥

買 掛 金 明 細 表

	9月1日	9月30日
大阪株式会社	¥	¥
京都株式会社	〃	〃
神戸株式会社	〃	〃
	¥	¥

問題9-13　次の取引の仕訳を行い，総勘定元帳の売掛金勘定および買掛金勘定に転記するとともに，売掛金元帳および買掛金元帳に記入しなさい。ただし，商品売買に関する処理は三分法によること。

4/3　高知株式会社から商品￥40,000を掛で仕入れた。

　6　愛媛株式会社に商品￥50,000を掛で販売した。

　8　香川株式会社から商品￥70,000を掛で仕入れ，引取運賃￥2,000は現金で支払った。

　11　徳島株式会社に商品￥60,000を掛で販売し，当社負担の発送費￥1,500は現金で支払った。

　18　8日に香川株式会社から仕入れた商品のうち￥20,000を品違いのため返品した。

　22　徳島株式会社に対する売掛金￥40,000を現金で受け取った。

　25　香川株式会社に対する買掛金￥50,000を現金で支払った。

	借　方　科　目	金　　額	貸　方　科　目	金　　額
4/3				
6				
8				
11				
18				
22				
25				

総　勘　定　元　帳

売　　掛　　金		買　　掛　　金	
4/1 前月繰越　50,000			4/1 前月繰越　30,000

売　掛　金　元　帳

愛媛株式会社		徳島株式会社	
4/1 前月繰越　20,000		4/1 前月繰越　30,000	

買　掛　金　元　帳

高 知 株 式 会 社	香 川 株 式 会 社
4/1 前月繰越　20,000	4/1 前月繰越　10,000

問題9-14　問題9-13の取引に基づいて，売掛金明細表と買掛金明細表を作成しなさい。

売 掛 金 明 細 表

	4月1日	4月30日
愛媛株式会社	¥　　20,000	¥
徳島株式会社	〃　　30,000	〃
	¥　　50,000	¥

買 掛 金 明 細 表

	4月1日	4月30日
高知株式会社	¥　　20,000	¥
香川株式会社	〃　　10,000	〃
	¥　　30,000	¥

第 10 章

現金・預金の処理

1 現金勘定

　簿記上，**現金**勘定で処理されるものは，紙幣や硬貨のような通貨だけではない。銀行や郵便局などの金融機関に呈示すればいつでも通貨に交換できる通貨代用証券も現金として処理される。通貨代用証券には，他人振出の小切手，送金小切手，送金為替証書，郵便為替証書，振替貯金払出証書，配当金領収証，期限の到来した公社債（国債，地方債，社債）の利札などがある。

　企業活動に伴って生じる現金の増減は，現金勘定に記録される。現金勘定は資産勘定のため，現金が増加した場合（収入）には借方に，現金が減少した場合（支出）には貸方に記入する。現金勘定の残高は，借方に生じ，その金額は現金の手許有高を示している。

例題10－1　　次の取引を仕訳しなさい。

5月1日　商品￥50,000を現金で売り上げた。

　　　　　（借方）現　　　金　50,000　　　（貸方）売　　　上　50,000

　　11日　買掛金￥30,000を現金で支払った。

　　　　　（借方）買　掛　金　30,000　　　（貸方）現　　　金　30,000

●小切手の例●

●配当金領収証の例●

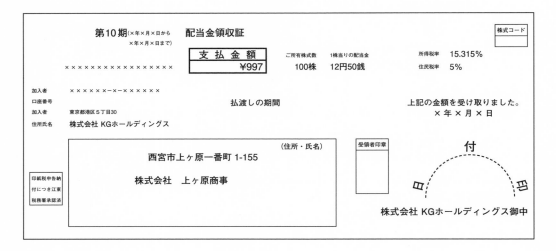

2　現金出納帳

　現金収支の内訳明細を把握するために，企業は**現金出納帳**という補助簿（補助記入帳）を作成している。現金収支と残高の記帳は，仕訳帳と総勘定元帳の現金勘定で行われているが，それだけでは収支の詳細を把握することが困難なため，現金出納帳が作成されている。現金出納帳を作成することで，企業はより正確で詳細な現金管理が可能となる。

例題10－2　次の取引を仕訳し，現金出納帳に記帳しなさい。

5月2日　大阪株式会社から商品￥100,000を仕入れ，代金は現金で支払った。

　10日　盛岡株式会社に商品￥200,000を売り渡し，代金として同社振出の小切手を受け取った。

　18日　神戸株式会社から商品￥80,000を仕入れ，代金はかねて受け取っていた盛岡株式会社振出の小切手で支払った。

　25日　徳島株式会社から，商品売買の仲介手数料￥50,000が郵便為替証書で送られてきた。

（解）

	借　方　科　目	金　　額	貸　方　科　目	金　　額
5/2	仕　　　　　入	100,000	現　　　　　金	100,000
10	現　　　　　金	200,000	売　　　　　上	200,000
18	仕　　　　　入	80,000	現　　　　　金	80,000
25	現　　　　　金	50,000	受　取　手　数　料	50,000

現　金　出　納　帳

×年		摘　　　要	収　入	支　出	残　高
5	1	前月繰越	150,000		150,000
	2	大阪株式会社から仕入		100,000	50,000
	10	盛岡株式会社に売上	200,000		250,000
	18	神戸株式会社から仕入		80,000	170,000
	25	徳島株式会社から支払われた受取手数料	50,000		220,000
	31	**次月繰越**		**220,000**	
			400,000	400,000	
6	1	前月繰越	220,000		220,000

（注）太文字は赤字を示している。

3　現金過不足勘定

　企業経営で，現金は非常に重要な資産であるため，実際の現金の手許有高と帳簿残高（手許にあるはずの帳簿上の金額）を定期的に照合する必要がある。照合の結果，不足額もしくは過剰額が認められる場合には，帳簿残高を実際の現金の手許有高に修正する必要がある。帳簿の残高を修正するために用いられる勘定を**現金過不足**という。現金は盗難などの不正に直面しやすい資産であるが，それ以外の理由によってもこのような過不足が生じることがある。過不足が生じた場合には，現金過不足勘定でその金額を認識するとともに，

原因を早急に究明しなければならない。後日，過不足の原因が判明した時には，現金過不足勘定の金額を正しい勘定に振り替えることになる。なお，借方残高は現金不足額を，貸方残高は現金過剰額を示している。

例題10－3　次の取引を仕訳しなさい。

（実際有高＞帳簿残高（現金過剰）の場合）

1．現金の実際有高が帳簿残高より¥4,000多かった。その原因は不明である。

　　（借方）　現　　　　金　　　4,000　　　（貸方）　現金過不足　　　4,000

2．上記の現金過剰の原因は受取手数料の記入もれであることが判明した。

　　（借方）　現金過不足　　　4,000　　　（貸方）　受取手数料　　　4,000

（実際有高＜帳簿残高（現金不足）の場合）

3．現金の実際有高を調査したところ，帳簿残高より¥15,000不足していたことが判明した。

　　（借方）　現金過不足　　　15,000　　　（貸方）　現　　　　金　　　15,000

4．上記の不足額の原因は，旅費交通費¥6,000の記入もれによることと，支払利息¥32,000を現金で支払った時に間違って¥23,000と仕訳したためであるとわかった。

　　（借方）　旅費交通費　　　6,000　　　（貸方）　現金過不足　　　15,000
　　　　　　　支払利息　　　9,000

4　当座預金勘定

　企業は，当座預金，普通預金，通知預金，定期預金，郵便貯金，郵便振替貯金など種々の預貯金を利用している。通常これらの預金は，原則として預貯金別の勘定口座を設けて処理されている。預貯金の中で，企業が最も重視しているのが当座預金である。

　当座預金は，金融機関との当座取引契約に基づいて預けている無利息の預金をいう。自由に預け入れと引き出しのできる預金である。引き出しの際には，小切手を振り出す必要がある。当座預金は頻繁な現金収支の手数を省くだけではなく，小切手の利用により安全性や記録の確実性の点で優れている。当座預金口座に通貨または通貨代用証券を預け入れた場合には，当座預金勘定の借方に，小切手を振り出した場合には貸方に記入する。残高は通常借方に生じ，当座預金の現在有高を示している。

　当座預金で注意すべきは，自己振出小切手の処理である。自己振出小切手は，自社が過去に振り出した小切手で，取引先から再び受け入れた小切手である。自己振出小切手を入手した場合には，当座預金の増加として処理をする。また，代金などを現金で受け取った場合でも，ただちに当座預金としたという記述があれば，現金勘定は用いず当座預金勘定で処理する。

　なお，銀行預金口座に関する実務においては，口座種別や銀行名などを勘定科目として使用する場合がある。

例題10－4　次の取引を仕訳しなさい。

1．現金¥150,000を当座預金として広島銀行に預け入れた。

　（借方）　当 座 預 金　150,000　　（貸方）　現　　　　金　150,000

2．仕入先岡山株式会社に対する掛代金¥100,000を小切手を振り出して支払った。

　（借方）　買 　掛 　金　100,000　　（貸方）　当 座 預 金　100,000

例題10－5　次の取引を仕訳しなさい。なお，当社では銀行口座について口座種別と銀行名を組み合わせた勘定科目を使用している。

1．得意先の須磨商事から明石銀行の普通預金口座に売掛金代の¥200,000が振り込まれた。

　（借方）　普通預金明石銀行　200,000　　（貸方）　売　　　　掛　　　　金　200,000

2．明石銀行の普通預金口座から播磨灘銀行の当座預金口座へ¥184,000を振り込みで送金した。この時，播磨灘銀行の当座預金口座には，振込手数料¥500を差し引いた金額が入金された。

　（借方）　当座預金播磨灘銀行　183,500　　（貸方）　普通預金明石銀行　184,000
　　　　　　支 　払 　手 　数 　料　　　500

5　当座借越の処理

　小切手の振り出しは，原則として当座預金の残高を限度とする。しかし，当座預金は企業活動でもっとも利用されることの多い預金であり，企業はあらかじめ銀行と当座借越契約を締結し，当座預金残高がマイナスになっても借越限度額まで小切手を振り出すことができる。当座預金残高を超えた引き出し額を**当座借越**という。当座預金残高を超える支払いを行った場合，超過部分を当座借越勘定で処理する方法と，当座預金勘定のまま処理する方法がある。

例題10－6　次の一連の取引を当座預金勘定と当座借越勘定を使用して仕訳しなさい。

1．東株式会社に買掛金を支払うため，小切手¥50,000を振り出した。なお，当座預金勘定残高は¥30,000であり，銀行との間に¥500,000を限度とする当座借越契約を結んでいる。

　（借方）　買 　掛 　金　50,000　　（貸方）　当 座 預 金　30,000
　　　　　　　　　　　　　　　　　　　　　　　当 座 借 越　20,000

2．保険料¥5,000を小切手を振り出して支払った。
（借方）保　険　料　　5,000　　（貸方）当 座 借 越　　5,000

3．現金¥40,000を当座預金に預け入れた。
（借方）当 座 借 越　25,000　　（貸方）現　　　　金　40,000
　　　　当 座 預 金　15,000

例題10－7　例題10－6の取引について，当座預金勘定のみを使用して仕訳しなさい。
（解）
1．（借方）買　掛　金　50,000　　（貸方）当 座 預 金　50,000
2．（借方）保　険　料　　5,000　　（貸方）当 座 預 金　　5,000
3．（借方）当 座 預 金　40,000　　（貸方）現　　　　金　40,000

　当座預金の入出金を期中に当座預金勘定のみで処理をした場合，当座預金勘定が貸方残高になる場合がある。これは当座預金残高がマイナスになっていることを意味している。決算に際し，当座預金勘定が貸方残高である場合，当座借越勘定または借入金勘定へ振り替えなければならない。（第17章3(3)参照）

例題10－8　次の取引を仕訳しなさい。
1．決算に際し，当座預金勘定残高は貸方¥50,000となっていたため，適切な勘定に振り替える。なお，使用できる勘定科目を当座預金勘定と当座借越勘定とする。
（借方）当 座 預 金　50,000　　（貸方）当 座 借 越　50,000
2．決算に際し，当座預金勘定残高は貸方¥30,000となっていたため，適切な勘定に振り替える。なお，使用できる勘定科目を当座預金勘定と借入金勘定とする。
（借方）当 座 預 金　30,000　　（貸方）借　入　金　30,000

6　当座預金出納帳

　当座預金や当座借越の内訳明細は，それぞれの勘定口座の記録だけでは十分に把握することができない。当座預金や当座借越についての明細を記帳し，預金残高を明らかにするために，取引銀行別に**当座預金出納帳**という補助簿（補助記入帳）が用いられている。記帳の具体的な要領は現金出納帳と同様である。

当 座 預 金 出 納 帳

×年	摘　　　　　　要	収　入	支　出	借/貸	残　高

7　小口現金勘定

　現金の出納や保管に伴う手数を軽減し，盗難，紛失などの危険を避けるために，企業ではすべての現金を当座預金として預け入れておき，日常頻繁に生じる諸経費の支払いについては，各係別あるいは各部署別の用度係（小払係）にある程度の金額を前渡しし，そこで支払いを行うことがある。この前渡金を**小口現金**という。小口現金の受入と支払を処理するための勘定が小口現金勘定である。資金を用度係に前渡しした時には小口現金勘定の借方に，用度係から支払報告を受けた時には貸方に記入する。

　なお，小口現金制度の運営方法には，**不定額資金前渡法**と**定額資金前渡法（インプレスト・システム）**がある。不定額資金前渡法とは，小口現金の前渡額を一定額とせず，必要に応じて資金を随時補給するという任意補給法である。定額資金前渡法とは，一定額を定めておいて支払報告のあった金額を定期的に補給する方法である。通常，定額資金前渡法が採用されている。

例題10－9　次の取引を仕訳しなさい。なお，当社は定額資金前渡法（インプレスト・システム）を採用している。

1．10月1日，用度係に小払用の資金として小切手¥50,000を振り出した。

　　（借方）　小 口 現 金　　50,000　　　（貸方）　当 座 預 金　　50,000

2．10月31日，用度係から10月分の支払明細について，通信費¥25,000（10/7），旅費交通費¥12,000（10/14），消耗品費¥11,500（10/21），雑費¥1,000（10/28）との報告があり，小切手を振り出して補給した。

①　支払報告についての仕訳

　　（借方）　通 　信 　費　　25,000　　　（貸方）　小 口 現 金　　49,500

　　　　　　　旅費交通費　　12,000

　　　　　　　消 耗 品 費　　11,500

　　　　　　　雑　　　　費　　 1,000

②　小口現金の補給についての仕訳

　　（借方）　小 口 現 金　　49,500　　　（貸方）　当 座 預 金　　49,500

　なお，実務的には支払報告と資金補給は同時に行われるので，上記の仕訳①②をまとめて，次のように仕訳してよい（簡便法）。

（借方）　通　信　費　　25,000　　（貸方）　当　座　預　金　　49,500
　　　　　旅費交通費　　12,000
　　　　　消　耗　品　費　　11,500
　　　　　雑　　　　費　　　1,000

　ただし，支払報告のあった日と資金補給の日が異なる場合には，このような簡便法をとることはできない。

8　小口現金出納帳

　小口現金の補給と支払の内訳明細を明らかにするための補助簿（補助記入帳）を**小口現金出納帳**という。用度係は，この帳簿に支払いの明細を記帳し，定期的に会計係に報告し，資金の補給を受ける。

例題10−10　例題10−9に基づいて，小口現金出納帳を作成しなさい。

（解）

小 口 現 金 出 納 帳

受入	×年		摘　　　　要	支払	内			訳
					通信費	旅費交通費	消耗品費	雑　費
50,000	10	1	小切手受入					
		7	切手購入	25,000	25,000			
		14	タクシー代支払	12,000		12,000		
		21	文房具購入	11,500			11,500	
		28	お茶代	1,000				1,000
			合　　　計	49,500	25,000	12,000	11,500	1,000
49,500		31	本日補給					
		〃	**次月繰越**	**50,000**				
99,500				99,500				
50,000	11	1	前月繰越					

（注） 太文字は赤字を示している。

例題10−11　例題10−9に基づいて，小口現金出納帳を作成しなさい。ただし，資金の補給は11月1日である。

(解)

<u>小 口 現 金 出 納 帳</u>

受入	×年		摘　　　　要	支払	内			訳
					通信費	旅費交通費	消耗品費	雑　費
50,000	10	1	小切手受入					
		7	切手購入	25,000	25,000			
		14	タクシー代支払	12,000		12,000		
		21	文房具購入	11,500			11,500	
		28	お茶代	1,000				1,000
			合　　　計	49,500	25,000	12,000	11,500	1,000
		31	**次月繰越**	**500**				
50,000				50,000				
500	11	1	前月繰越					
49,500		〃	本日補給					

(注) 太文字は赤字を示している。

Training

問題10-1　次の中から現金勘定で処理されないものを選びなさい。

(1) 自 己 振 出 小 切 手　　(2) 配 当 金 領 収 証　　(3) 振 替 貯 金 払 出 証 書

(4) 期間到来済公社債利札　　(5) 送 金 為 替 証 書　　(6) 送 金 小 切 手

(7) 収 　 入 　 印 　 紙　　(8) 他 人 振 出 小 切 手　　(9) 郵 便 為 替 証 書

(10) 郵 　 便 　 切 　 手

問題10-2　次の取引の仕訳をし，総勘定元帳に転記しなさい。なお，転記する際に記入するのは，相手勘定と金額のみでよい。

(1) 現金の実際有高を調べたところ，帳簿残高より実際有高が¥30,000不足していた。

(2) 調査の結果，上記過不足¥30,000は手数料支払分の記入もれであることがわかった。

	借　方　科　目	金　　額	貸　方　科　目	金　　額
(1)				
(2)				

総　勘　定　元　帳

現　　　　金

現　金　過　不　足

問題10-3　　次の一連の取引を当座預金勘定と当座借越勘定を使う方法で仕訳して，総勘定元帳に転記しなさい。なお，当座借越限度額は¥100,000であり，当座預金の前月繰越額は¥60,000である。

７月２日　神戸株式会社から商品¥70,000を仕入れ，小切手を振り出して支払った。

　　３日　広告宣伝費¥30,000を，小切手を振り出して支払った。

　　４日　大阪株式会社から売掛金¥80,000を同社振出の小切手で受け取り，ただちに当座預金とした。

　　５日　京都株式会社に対する買掛金¥60,000を，小切手を振り出して支払った。

	借　方　科　目	金　　額	貸　方　科　目	金　　額
7/2				
3				
4				
5				

当　座　預　金

7/1 前月繰越 60,000

当　座　借　越

問題10-4　問題10-3の取引について，当座預金勘定のみを使う方法で仕訳しなさい。

	借　方　科　目	金　　額	貸　方　科　目	金　　額
7／2				
3				
4				
5				

問題10-5　問題10-3の取引を当座預金出納帳に記入して締め切りなさい。

当 座 預 金 出 納 帳

×年		摘　　　　　　要	収　　入	支　　出	借／貸	残　　高
7	1	前　月　繰　越	60,000		借	60,000

問題10-6　当社は当座預金の入出金を期中に当座預金勘定のみ使い処理している。次の取引を仕訳しなさい。

(1)　決算に際し，当座預金勘定が借方¥150,000，貸方¥180,000となっている。当座預金勘定残高を適切な勘定に振り替える。なお，以下の語群の勘定を使うこと。

語群：当座預金　　当座借越

(2)　決算に際し，以下の当座預金勘定の残高を適切な勘定に振り替える。当社は当座借越を示す勘定に借入金勘定を使用している。

当 座 預 金

260,000	320,000

	借　方　科　目	金　　額	貸　方　科　目	金　　額
(1)				
(2)				

問題10−7　次の取引を仕訳しなさい。なお，当社は定額資金前渡法（インプレスト・システム）を採用している。

5月1日　今月の小口現金として，¥200,000の小切手を振り出して，用度係に渡した。

　　31日　用度係から，本月中の支払いについて次のような報告があったので，支払額と同額の小切手を振り出して補給した。

　　　　旅費交通費　¥56,000　　消耗品費　¥12,000　　水道光熱費　¥15,000
　　　　雑　　　費　¥37,000

	借　方　科　目	金　　額	貸　方　科　目	金　　額
5／1				
31				

問題10−8　次の取引を小口現金出納帳に記入し，週末における締切と翌週における資金の補給に関する記入を行いなさい。なお，当社では定額資金前渡法（インプレスト・システム）を採用しており，用度係は毎週月曜日に前週の支払いの報告をし，資金補給を受けることになっている。

6月5日（月）お茶　　　　　¥ 6,000　　8日（木）郵便切手　　　　¥ 8,200
　　6日（火）帳簿・ノート　¥12,000　　9日（金）ボールペン・鉛筆　¥ 5,000
　　7日（水）バス回数券　　¥18,000　 10日（土）はがき代　　　　¥ 4,500

小 口 現 金 出 納 帳

受入	×年		摘　　　要	支払	内　　　　　　訳			
					旅費交通費	通信費	消耗品費	雑　費
32,000	6	5	前週繰越					
48,000	〃		本日補給					
			合　　　計					
			次週繰越					
	6	12	前週繰越					
	〃		本日補給					

126

第11章

手形の処理

1 手形の種類

　手形とは，将来の一定期日（満期日）に，一定の場所において，一定金額を支払うことを記載した信用証券である。手形は法律上，約束手形と為替手形に分けられる。簿記では，これらの手形の振出しに伴い生じる債権を**受取手形**勘定で，手形の振出しに伴い生じる債務を**支払手形**勘定で処理する。

　通常の商取引に基づいて振り出される手形は，一般に**商業手形**とよばれる。これに対して，手形の中には金銭の貸借を直接の目的として，借用証書の代わりに振り出されるものがある。これを**金融手形**とよぶ。金融手形の取引については，受取手形勘定・支払手形勘定を用いないで，**手形貸付金**勘定・**手形借入金**勘定で処理する。

　約束手形と為替手形の例および手形の裏書の例については，次のページに掲載した。なお，為替手形は実務上ほとんど使われていないため，本章では，約束手形を前提として学習する。

2 約束手形

　約束手形は，手形の振出人（支払人）が名宛人（受取人）に対して，手形に記載された金額を支払うことを約束する証券である。略して，約手ともいう。

● 約束手形の例 ●

No. 43	約束手形　　No. A03331	支 払 期 日　　×年10月5日
収 入 印 紙	大 阪 株 式 会 社 殿 金 額 ￥　1,000,000	支 払 地　　西宮市 支 払 場 所 株式 会社　　西北銀行甲東園支店

上記金額をあなたまたはあなたの指図人へこの約束手形と引替えに
お支払いいたします。

×年9月5日
振 出 地　　西宮市
住　　所　　西宮市上ヶ原3番地
　　　　　　西宮株式会社
振 出 人　　新 月 三 郎　㊞

● 為替手形の例 ●

No. 32	約束手形　　No. D18251	支 払 期 日　　×年10月30日
収 入 印 紙	住所　　神戸市生田区元町通2丁目50番地 神 戸 株 式 会 社 殿 金 額 ￥　2,000,000	支 払 地　　神 戸 市 支 払 場 所 株式 会社　　神戸銀行元町支店

芦屋株式会社殿またはその指図人へこの為替手形と引替えに
上記金額をお支払いください。

拒絶証書不要

×年9月1日
振 出 地　　大阪市
住　　所　　大阪市北区真砂町1丁目35番地
　　　　　　梅田株式会社
振 出 人　　梅 田 良 夫　㊞

引受　×年9月1日

神戸市生田区元町通2丁目50番地
　　　　神戸株式会社
　　　　神 戸 二 郎　㊞

● 手形の裏書の例 ●

被裏書人	明 石 国 雄 殿	表記金額を下記被裏書人またはその指図人へお支払いください。 ×年10月10日　神戸市生田区栄町通3丁目40番地 住　所　　　　　　　　　　　山 田 太 郎　㊞ 拒絶証書不要 （目的）
裏書人		表記金額を下記被裏書人またはその指図人へお支払いください。 年　月　日 住　所 拒絶証書不要 （目的）
被裏書人		表記金額を下記被裏書人またはその指図人へお支払いください。 年　月　日 住　所 拒絶証書不要 （目的）
裏書人		表記金額を下記被裏書人またはその指図人へお支払いください。 年　月　日 住　所 拒絶証書不要 （目的）
被裏書人		表記金額を受取りました。 年　月　日 住　所

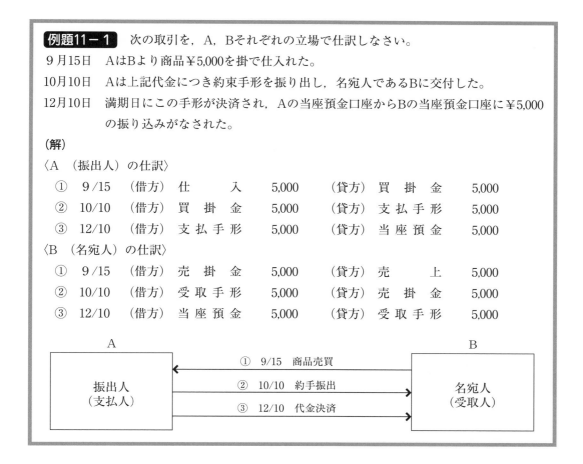

例題11－1　次の取引を，A，Bそれぞれの立場で仕訳しなさい。

9月15日　AはBより商品¥5,000を掛で仕入れた。

10月10日　Aは上記代金につき約束手形を振り出し，名宛人であるBに交付した。

12月10日　満期日にこの手形が決済され，Aの当座預金口座からBの当座預金口座に¥5,000の振り込みがなされた。

（解）

〈A　（振出人）の仕訳〉

①	9／15	（借方）	仕　　入	5,000	（貸方）	買　掛　金	5,000
②	10／10	（借方）	買　掛　金	5,000	（貸方）	支　払　手　形	5,000
③	12／10	（借方）	支　払　手　形	5,000	（貸方）	当　座　預　金	5,000

〈B　（名宛人）の仕訳〉

①	9／15	（借方）	売　掛　金	5,000	（貸方）	売　　上	5,000
②	10／10	（借方）	受　取　手　形	5,000	（貸方）	売　掛　金	5,000
③	12／10	（借方）	当　座　預　金	5,000	（貸方）	受　取　手　形	5,000

3　手形の裏書

　手形の所持人が，仕入代金などの支払いのため，手形の満期日以前にこれを他人に譲渡することがある。この場合には，手形の裏面に必要事項を記入の上，署名・押印するので，これを**手形の裏書**という。

　手形を裏書譲渡すれば手形債権が消滅するので，受取手形勘定の貸方に記入し，逆に裏書により手形を受け取った時には受取手形勘定の借方に記入する。ただし，裏書により受け取った手形が以前に当社が振り出したものであった場合には，その手形に基づいて金額を支払う義務がなくなるため，支払手形勘定の借方に記入する。

例題11−2　次の取引を仕訳しなさい。

1．京都株式会社から商品¥50,000を仕入れ，代金として奈良株式会社振出，当社宛の約束手形を裏書譲渡した。

　（借方）　仕　　　　　入　　50,000　　（貸方）　受　取　手　形　　50,000

2．大阪株式会社に対する買掛金支払のため，先に鳥取株式会社から受け取った約束手形¥30,000を裏書譲渡した。

　（借方）　買　　掛　　金　　30,000　　（貸方）　受　取　手　形　　30,000

3．神戸株式会社に対する売掛金¥60,000の回収として，同社が所有する，有馬株式会社振出の約束手形を裏書譲渡された。

　（借方）　受　取　手　形　　60,000　　（貸方）　売　　掛　　金　　60,000

4．岡山株式会社に対する売掛金¥40,000の回収として，同社が所有する当社振出の約束手形を裏書譲渡された。

　（借方）　支　払　手　形　　40,000　　（貸方）　売　　掛　　金　　40,000

4　手形の割引

　手形の所持人が，銀行に対して，満期日以前に手形を裏書して売却することにより資金の融通を受けることがある。これを**手形の割引**という。手形を割り引くと，割引日から満期日までの利息が割引料として差し引かれ，差額を受け取ることとなる。

　このような手形の割引は，手形代金より低い価額で手形を売却したことと同じである。したがって，手形を割り引いた時には，手形債権が消滅するので受取手形勘定の貸方に記入するとともに，割引料相当額を**手形売却損**勘定の借方に記入する。

例題11−3　次の取引を仕訳しなさい。

　得意先から受け取った約束手形¥150,000を銀行で割り引いて売却し，割引料¥2,000を差し引かれ，手取金を当座預金とした。

　（借方）　当　座　預　金　　148,000　　（貸方）　受　取　手　形　　150,000

　　　　　　手形売却損　　　　2,000

5　受取手形と支払手形

　これまでの説明から，受取手形勘定と支払手形勘定の増加・減少の原因を要約して示すと次のようになる。

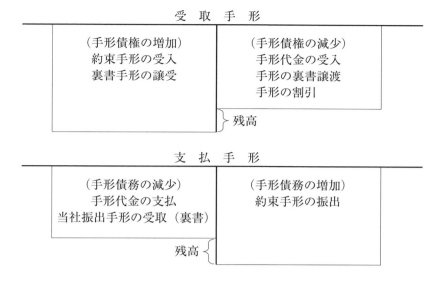

受 取 手 形

| （手形債権の増加）
約束手形の受入
裏書手形の譲受 | （手形債権の減少）
手形代金の受入
手形の裏書譲渡
手形の割引 |

> 残高

支 払 手 形

| （手形債務の減少）
手形代金の支払
当社振出手形の受取（裏書） | （手形債務の増加）
約束手形の振出 |

残高 <

6　受取手形記入帳と支払手形記入帳

　受取手形と支払手形の明細を詳しく記録するための補助簿（補助記入帳）として，**受取手形記入帳**と**支払手形記入帳**がある。それぞれの記入例とそれに伴う仕訳を示すと，例題11－4，11－5のようになる。

　なお，手形記入帳の日付欄には手形の受入・振出の月日を，手形種類欄には約束手形（＝約）を略式記入し，また摘要欄には相手勘定科目を記入するとともに，その他の必要事項を記入する。てん末欄には手形債権・手形債務の消滅とその事由（入金・裏書譲渡・割引・支払）を記入する。

例題11－4　次の受取手形記入帳の記載事項に基づき仕訳を示しなさい。

受 取 手 形 記 入 帳

×年		手形種類	手形番号	摘　要	支払人	振出人または裏書人	振出日		満期日		支払場所	手形金額	てん末		
							月	日	月	日			月	日	摘　要
9	3	約	51	売　　上	大阪株式会社	大阪株式会社	9	3	9	30	本州銀行	300,000	9	30	入　金 （当座振込）
	15	約	72	売 掛 金	京都株式会社	京都株式会社	9	15	11	30	西宮銀行	200,000	10	31	割　引 （当座振込）
	20	約	84	売 掛 金	神戸株式会社	神戸株式会社	9	20	12	15	本州銀行	500,000	11	20	裏書譲渡

（注）10月31日の割引料は￥6,000とする。

　　　11月20日の裏書譲渡は福岡株式会社に対する買掛金を支払うためである。

（解）

9／3	（借方）　受 取 手 形　300,000	（貸方）　売　　　　上　300,000
15	（借方）　受 取 手 形　200,000	（貸方）　売 掛 金　200,000

20	（借方）受 取 手 形	500,000	（貸方）売 　 掛 　 金	500,000
30	（借方）当 座 預 金	300,000	（貸方）受 取 手 形	300,000
10/31	（借方）当 座 預 金	194,000	（貸方）受 取 手 形	200,000
	手 形 売 却 損	6,000		
11/20	（借方）買 　 掛 　 金	500,000	（貸方）受 取 手 形	500,000

例題11－5　次の支払手形記入帳の記載事項に基づき仕訳を示しなさい。

支 払 手 形 記 入 帳

×年		手形種類	手形番号	摘　要	受取人	振出人	振出日		満期日		支払場所	手形金額	てん末		
							月	日	月	日			月	日	摘　要
9	10	約	49	仕　　入	岡山株式会社	当　店	9	10	9	30	本州銀行	250,000	9	30	支　払（当座預金）
	18	約	67	買 掛 金	広島株式会社	当　店	9	18	11	15	四国銀行	430,000	11	15	支　払（当座預金）
10	15	約	97	買 掛 金	松山株式会社	当　店	10	15	1	15	本州銀行	380,000			

（解）

9/10	（借方）仕 　 　 入	250,000	（貸方）支 払 手 形	250,000
18	（借方）買 　 掛 　 金	430,000	（貸方）支 払 手 形	430,000
30	（借方）支 払 手 形	250,000	（貸方）当 座 預 金	250,000
10/15	（借方）買 　 掛 　 金	380,000	（貸方）支 払 手 形	380,000
11/15	（借方）支 払 手 形	430,000	（貸方）当 座 預 金	430,000

7　手形貸付金と手形借入金

「1　手形の種類」で説明したように，金銭の貸借を直接の目的として借用証書の代わりに振り出される手形を金融手形とよび，手形貸付金勘定，手形借入金勘定を用いて処理する。ただし，手形貸付金は通常の貸付けの場合と同じく貸付金勘定で，手形借入金は通常の借入れの場合と同じく借入金勘定で処理する場合もある。

例題11－6　次の取引を仕訳しなさい。

1. 京都株式会社は神戸株式会社から現金￥200,000を借り入れ，当期分の利息￥13,000を含めて，額面￥213,000の約束手形を振り出した。

〈京都株式会社〉

　（借方）現 　 　 　 金　　200,000　　（貸方）手 形 借 入 金　　213,000
　　　　　支 払 利 息　　　13,000

〈神戸株式会社〉

　　（借方）　手形貸付金　　213,000　　　（貸方）　現　　　　金　　200,000
　　　　　　　　　　　　　　　　　　　　　　　　　　受　取　利　息　　　13,000

２．銀行から¥900,000を借り入れ，３ヵ月後満期の約束手形を振り出した。なお，利息
　　¥20,000を差し引かれ，残金は当座預金とした。

　　（借方）　当　座　預　金　　880,000　　　（貸方）　手形借入金　　900,000
　　　　　　　支　払　利　息　　　20,000

8　電子記録債権と電子記録債務

　電子商取引の進展により，近年では，約束手形の振出し・受領という決済手段に代えて，債権・債務を電子化して記録し，インターネットの活用によって資金の決済を行う取引システムがある。この取引システムを使った際の債権・債務を電子記録債権・電子記録債務とよび，**電子記録債権**勘定（資産）・**電子記録債務**勘定（負債）を用いて処理する。

　電子記録債権・電子記録債務を用いる場合は，まず債権者と債務者が取引銀行に利用の申込みを行い登録する。その上で，債務者は取引銀行を通じて電子債権記録機関に，「①発生記録の請求」を行う。電子債権記録機関から取引銀行を通じて，債権者に，「②発生記録の通知」が行われる。その後，支払期日には債権者と債務者のそれぞれの「③取引銀行口座間で決済」が行われることになる。

　紙の約束手形と異なる点としては，手形を受け取った側は紛失などのリスクが回避できることである。また，電子化された債権のため，債権の金額を分割して譲渡したり，割引と同様に金融機関に譲渡して現金化したりすることも可能となる。

　電子記録債権を割り引いた際には，手形の割引と同様に利息相当額が控除されるため，債権金額と手取金との差額を，**電子記録債権売却損**勘定で処理する。

例題11－7　次の取引を仕訳しなさい。

１．尼崎株式会社から商品を仕入れた仕入債務（買掛金¥50,000）について，取引銀行を通じて債務の発生記録の請求を行った。

　　（借方）　買　　掛　　金　　50,000　　　（貸方）　電子記録債務　　50,000

２．上記債務の支払期日が到来し，当座預金口座から引き落とされた。

　　（借方）　電子記録債務　　50,000　　　（貸方）　当　座　預　金　　50,000

３．西宮株式会社に売り上げた売上債権（売掛金¥50,000）について，取引銀行から発生記録の通知を受けた。

　　（借方）　電子記録債権　　50,000　　　（貸方）　売　　掛　　金　　50,000

４．上記債権の支払期日が到来し，当座預金口座に振り込まれた。

（借方）当　座　預　金　　50,000　　（貸方）電子記録債権　　50,000

5．芦屋株式会社は，神戸株式会社に対する買掛金￥400,000の支払いのため，電子債権記録機関に取引銀行を通じて債務の発生記録を行った。また，神戸株式会社は取引銀行より，その通知を受けた（両社の仕訳を示しなさい）。

〈芦屋株式会社〉

（借方）買　　掛　　金　　400,000　　（貸方）電子記録債務　　400,000

〈神戸株式会社〉

（借方）電子記録債権　　400,000　　（貸方）売　　掛　　金　　400,000

6．神戸株式会社は，明石株式会社に対する買掛金￥300,000の支払いのため，取引銀行を通じて上記5．の電子記録債権の一部譲渡記録を行った。

（借方）買　　掛　　金　　300,000　　（貸方）電子記録債権　　300,000

7．神戸株式会社は，芦屋株式会社に対する電子記録債権残高￥100,000について，割引を行うために取引銀行への債権の譲渡記録を行い，取引銀行から利息相当額￥3,000を差し引かれた残額が当座預金口座に振り込まれた。

（借方）当　座　預　金　　97,000　　（貸方）電子記録債権　　100,000
　　　　電子記録債権売却損　　3,000

Training

問題11－1　次の諸取引に関連して，解答欄に示した両社の行うべき仕訳を示しなさい。

(1) 西宮株式会社は尼崎株式会社より商品￥10,000を仕入れ，代金のうち￥2,000を現金で支払い，残額を掛とした。

(2) 西宮株式会社は，上記の掛代金について，名宛人である尼崎株式会社に約束手形を振り出した。

(3) 満期日にこの手形が決済され，西宮株式会社の当座預金口座から尼崎株式会社の当座預金口座に￥8,000の振込みがなされた。

	株式会社	借　方　科　目	金　　　額	貸　方　科　目	金　　　額
(1)	西宮				
	尼崎				
(2)	西宮				
	尼崎				
(3)	西宮				
	尼崎				

問題11－2　　次の約束手形について，取引の空欄に適切な語句を記入し，それぞれの商店ごとの仕訳をしなさい。

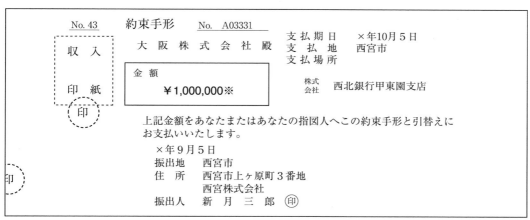

9月5日　□□□□株式会社は，□□□□株式会社へ商品¥1,000,000を売り上げ，代金として同社振出の約束手形¥1,000,000（#43，□□□□日9月5日，□□□□期日10月5日，支払場所；西北銀行甲東園支店）を受け取った。

西宮株式会社（9月5日）

借　方　科　目	金　　　額	貸　方　科　目	金　　　額

大阪株式会社（9月5日）

借　方　科　目	金　　額	貸　方　科　目	金　　額

問題11－3　次の取引の仕訳を示しなさい。

(1) 大分株式会社に商品￥500,000を販売し，代金のうち￥300,000は大分株式会社振出の約束手形を受け取り，残額は現金で受け取った。

(2) 石川株式会社から売掛金の支払いとして受け取った約束手形￥25,000が満期日を迎えたので，石川株式会社の当座預金から当社の当座預金に手形代金が振り込まれた。

(3) 神戸株式会社より商品￥10,000を仕入れ，代金のうち￥5,000については佐賀株式会社振出の約束手形を裏書譲渡し，残額は約束手形を振り出した。

(4) 福岡株式会社に商品￥8,000を販売し，代金は以前当社が振り出した約束手形を裏書譲渡された。

	借　方　科　目	金　　額	貸　方　科　目	金　　額
(1)				
(2)				
(3)				
(4)				

問題11－4　次の取引を仕訳しなさい。

(1) 得意先から受け取った約束手形￥1,000,000を銀行で割り引いて売却し，割引料￥10,000を差し引かれ，残額を現金で受け取った。

(2) 須磨株式会社振出の約束手形￥2,500,000を銀行で割り引いて売却し，割引料￥30,000を差し引かれ，残額を当座預金とした。ただし，当座借越が￥1,500,000あり，当座借越勘定で処理している。

	借　方　科　目	金　　額	貸　方　科　目	金　　額
(1)				
(2)				

問題11−5　次の取引を仕訳しなさい。

(1) 四国株式会社に商品￥200,000を販売し，代金のうち半額は関西株式会社振出の約束手形を四国株式会社の裏書を得て受け取り，残額は掛とした。

(2) 上記(1)の約束手形を銀行で割り引いて売却し，割引料￥1,500を差し引かれ，残額を当座預金とした。

(3) 東北株式会社に商品￥200,000を販売し，代金は同社振出の約束手形を受け取った。

(4) 上記(3)の約束手形を銀行で割り引いて売却し，割引料￥3,000を差し引かれ，残額を現金で受け取った。

	借　方　科　目	金　　額	貸　方　科　目	金　　額
(1)				
(2)				
(3)				
(4)				

問題11−6　次の取引を仕訳し，以下の帳簿に記入しなさい。なお，帳簿の名称を（　　　　）の中に記入しなさい。

9月1日　兵庫株式会社より商品￥100,000を仕入れ，代金のうち￥60,000は約束手形（＃12，振出日9月1日，支払期日9月30日，支払場所；西北銀行）を振り出して支払い，残額は掛とした。

　20日　広島株式会社より商品￥100,000を仕入れ，約束手形（＃31，振出日9月20日，支払期日10月20日，支払場所；西北銀行）を振り出して支払った。

　30日　西北銀行より，9月1日に兵庫株式会社に振り出していた約束手形＃12が満期日となり，当座預金より決済した旨の連絡があった。

	借　方　科　目	金　　額	貸　方　科　目	金　　額
9／1				
20				
30				

（　　　　　　　　　）記入帳

×年		手形種類	手形番号	摘要	受取人	振出人	振出日		満期日		支払場所	手形金額	てん末		
							月	日	月	日			月	日	摘　要
9	1														
	20														

問題11-7　次の帳簿の名称を（　）の中に記入するとともに，この帳簿に記録されている諸取引を仕訳しなさい。

（　　　　　　　　　）記入帳

×年		手形種類	手形番号	摘　要	支払人	振出人	振出日		満期日		支払場所	手形金額	てん末		
							月	日	月	日			月	日	摘　要
5	1	約	61	売掛金	鳥取株式会社	鳥取株式会社	5	1	6	30	西宮銀行	50,000	5	30	割　引（当座振込）
	15	約	28	売　上	伊予株式会社	伊予株式会社	5	15	7	20	本州銀行	40,000	7	20	入　金（当座振込）
	26	約	20	売　上	青森株式会社	青森株式会社	5	26	8	30	富山銀行	30,000	6	15	裏書譲渡

（注）　5月30日の割引料は￥1,000とする。

6月15日の裏書譲渡は，広島株式会社に対する買掛金を支払うためである。

	借　方　科　目	金　　額	貸　方　科　目	金　　額
5／1				
15				
26				
30				
6／15				
7／20				

問題11-8　次の取引を仕訳しなさい。

(1)　神奈川株式会社に￥1,000,000を貸し付け，同額の約束手形を受け取った。なお，利息分￥28,000を差し引き，残額は小切手を振り出して渡した。

(2)　上記(1)の約束手形につき，満期日が到来し，神奈川株式会社から現金￥1,000,000の返済を受けた。

	借　方　科　目	金　額	貸　方　科　目	金　額
(1)				
(2)				

問題11－9　次の取引を仕訳しなさい。

(1)　買掛金¥150,000の支払いについて，取引銀行を通じて電子債権記録機関に債務の発生記録を請求した。

(2)　電子債権記録機関に発生記録した¥200,000について支払期日が到来し，当座預金口座から引き落とされた。

(3)　売掛金¥100,000について，電子債権記録機関から取引銀行を通じて電子記録債権の発生記録の通知を受けた。

(4)　発生記録の通知を受けていた電子記録債権¥50,000の支払期日が到来し，当座預金口座に振り込まれた。

(5)　買掛金¥200,000の支払いのため，電子債権記録機関に取引銀行を通じて電子記録債権の譲渡記録を行った。

(6)　電子債権記録機関に取引銀行を通じて電子記録債権¥100,000の取引銀行への譲渡記録を行い，取引銀行から¥2,000が差し引かれた残額が当座預金口座に振り込まれた。

	借　方　科　目	金　額	貸　方　科　目	金　額
(1)				
(2)				
(3)				
(4)				
(5)				
(6)				

第 12 章

その他の債権・債務の処理

　商品売買取引によって生じた営業上の債権・債務は，売掛金勘定と買掛金勘定などを用いるが，商品売買取引以外の取引によって生じた債権・債務は，売掛金勘定と買掛金勘定などでは処理できない。では，掛以外の債権・債務はどのような勘定で処理すればよいのであろうか。以下では，債権・債務を増加させた取引の内容に応じて学習する。

1　貸付金，借入金

　借用証書の授受に基づいて金銭を貸借する場合には，貸付金勘定と借入金勘定が用いられる。金銭の貸付けによって生じる債権が**貸付金**であり，金銭の借入れによって生じる債務が**借入金**である。

　金銭を貸し付けた時は貸付金勘定の借方に，その返済を受けた時には貸方に記入する。また，金銭を借り入れた時は借入金勘定の貸方に，それを返済した時には借方に記入する。

　なお，金銭の貸借に関して，利息を受け取った時は収益として受取利息勘定の貸方に，利息を支払った時は費用として支払利息勘定の借方に記入する。貸借の期間が1年未満の場合は，利息を月割計算や日割計算で算出する。

例題12－1 次の取引を仕訳しなさい。

1. 熊本株式会社は佐賀株式会社に現金¥600,000を期間1年，利率年3％の条件で貸し付けた。

〈熊本株式会社の仕訳〉

　　（借方）貸　付　金　600,000　　　（貸方）現　　　金　600,000

〈佐賀株式会社の仕訳〉

　　（借方）現　　　金　600,000　　　（貸方）借　入　金　600,000

2. 上記貸付金が満期日を迎え，熊本株式会社は佐賀株式会社から利息とともに現金で受け取った。

〈熊本株式会社の仕訳〉

　　（借方）現　　　金　618,000　　　（貸方）貸　付　金　600,000

　　　　　　　　　　　　　　　　　　　　　　受 取 利 息　　18,000

〈佐賀株式会社の仕訳〉

　　（借方）借　入　金　600,000　　　（貸方）現　　　金　618,000

　　　　　　支 払 利 息　　18,000

2 未収入金，未払金

　主な営業活動以外の取引または継続的に行われていない取引によって生じる一般的な債権・債務を，**未収入金，未払金**といい，それぞれ未収入金勘定と未払金勘定で処理する。

　たとえば，遊休土地を売却し，その代金のうち未収分がある場合には，未収入金勘定の借方に記入し，その支払いを受けた時に貸方に記入する。また，備品を購入してその代金のうち未払分がある場合には未払金勘定の貸方に，その支払いをした時には借方に記入する。

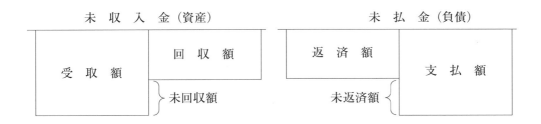

例題12－2 次の取引を仕訳しなさい。

1. 鹿児島株式会社からパソコン1台¥500,000を購入し，代金は月末払いにした。

　　（借方）備　　　品　500,000　　　（貸方）未　払　金　500,000

2．別府不動産に遊休土地（帳簿価額￥3,000,000）を￥3,000,000で売却し，代金のうち
￥600,000は小切手で受け取り，残額は後日に受け取ることにした。

（借方）現　　　　金　　600,000　　（貸方）土　　　　地　　3,000,000
　　　　未 収 入 金　　2,400,000

3　前払金，前受金

　商品などの売買の際に，現物の受渡前に代金の一部または全部を手付金（内金ともいう）
として授受することがある。**前払金**とはこの場合の前払分の債権をいい，**前受金**とは前受
分の債務をいう。これらは，契約した品物を将来授受する権利と義務を表すものであり，
それぞれ前払金勘定と前受金勘定で処理される。
　買主は手付金を支払った時に前払金勘定の借方に記入し，現物を受け取った時に貸方に
記入する。また，売主は手付金を受け取った時に前受金勘定の貸方に記入し，現物を引き
渡した時に借方に記入する。

前　払　金（資産）		前　受　金（負債）	
手付金を支払った時	現物を受け取った時	現物を引き渡した時	手付金を受け取った時

例題12－3　次の取引を仕訳しなさい。

1．長崎株式会社は宮崎株式会社に商品￥700,000を注文し，手付金として￥200,000の小切
手を振り出した。

〈長崎株式会社の仕訳〉

　（借方）前 払 金　　200,000　　（貸方）当 座 預 金　　200,000

〈宮崎株式会社の仕訳〉

　（借方）現　　　　金　　200,000　　（貸方）前 受 金　　200,000

（注）手付金の授受があっても，品物の授受がないので，仕入，売上とせず，前払金，前受金とし
　　　て処理しなければならない。

2．長崎株式会社は上記商品を仕入れ，代金のうち￥200,000は注文時に支払った手付金と
相殺し，残額は掛とした。

〈長崎株式会社の仕訳〉

　（借方）仕　　　　入　　700,000　　（貸方）前 払 金　　200,000
　　　　　　　　　　　　　　　　　　　　　買 掛 金　　500,000

〈宮崎株式会社の仕訳〉

| （借方） | 前　受　金 | 200,000 | （貸方） | 売　　　上 | 700,000 |
| | 売　掛　金 | 500,000 | | | |

4　立替金，預り金

　立替金とは一時的な債権をいい，**預り金**とは一時的な債務を意味する。一時的に金銭を立て替えた時には立替金勘定の借方に記入し，一時的に金銭を預かった場合には預り金勘定の貸方に記入する。なお，従業員に関するものは，他のものと区別するために従業員立替金勘定，従業員預り金勘定を用いることもある。

　会社は，従業員の給料から社会保険料の従業員負担分を差し引いて支給するが，その差し引いた金額は**社会保険料預り金**勘定で処理する。なお，従業員に対して給料の一部を前貸しした場合は**従業員立替金**勘定で処理する。
　また，社会保険料は，会社負担分と従業員負担分を翌月に会社がまとめて納付する。社会保険料預り金とともに納付される会社が負担する部分については**法定福利費**勘定に記入する。

例題12－4　次の一連の取引を仕訳しなさい。

1．従業員に給料の前貸しとして，現金¥70,000を渡した。なお，当社では従業員への立替金を従業員立替金勘定を用いて処理している。

　（借方）　従業員立替金　　70,000　　（貸方）　現　　　　　金　　70,000

2．給料¥200,000について，従業員負担の健康保険料¥10,000および厚生年金保険料¥15,000を控除した残額を普通預金口座から振り込んだ。

　（借方）　給　　　　　料　　200,000　　（貸方）　社会保険料預り金　　25,000
　　　　　　　　　　　　　　　　　　　　　　　　　　普　通　預　金　　175,000

3．健康保険料および厚生年金保険料について，従業員負担額に会社負担額（従業員負担額と同額）を加えて普通預金口座から振り込んで納付した。

　（借方）　社会保険料預り金　　25,000　　（貸方）　普　通　預　金　　50,000
　　　　　　法　定　福　利　費　　25,000

　　4．従業員から本月分の社内積立金¥950,000を現金で預かった。なお，当社では従業員か
　　　らの預り金を従業員預り金勘定を用いて処理している。
　　　（借方）現　　　　　金　950,000　　　（貸方）従業員預り金　950,000

　　企業が従業員の給料から差し引くものとして，従業員の給料に対して課税される所得税
がある。所得税は，企業がまとめて税務署に納付することになっており，この制度を所得
税の**源泉徴収**という。企業は，従業員に給料を支払う時に従業員が支払う所得税を差し引
き，その金額を**所得税預り金**勘定で処理する。

＊源泉徴収の手順
　①企業は，従業員の給料から差し引いた所得税をいったん集めておく。
　②企業が従業員に代わり，預かった所得税をまとめて所轄税務署の納税窓口に納付する。

例題12－5　　次の取引を仕訳しなさい。
1．本月分の従業員の給料¥480,000から，所得税の源泉徴収額¥50,000を差し引いて，残
　額を普通預金口座から振り込んだ。
　　（借方）給　　　　　料　480,000　　　（貸方）所得税預り金　　50,000
　　　　　　　　　　　　　　　　　　　　　　　　普　通　預　金　430,000
2．源泉徴収した所得税¥250,000を，所轄の税務署の納税窓口にて現金で納付した。
　　（借方）所得税預り金　250,000　　　（貸方）現　　　　　金　250,000

例題12－6　　次の一連の取引を仕訳しなさい。なお，当社では従業員への立替金を従業
　員立替金勘定を用いて処理している。
1．従業員に給料の前貸しとして，現金¥80,000を渡した。
　　（借方）従業員立替金　　80,000　　　（貸方）現　　　　　金　80,000

2．本月分の従業員の給料¥350,000から，従業員への立替金と所得税の源泉徴収額¥25,000を控除した残額を現金で支払った。

（借方）給　　　　料　350,000　　（貸方）従業員立替金　　80,000
　　　　　　　　　　　　　　　　　　　　　所得税預り金　　25,000
　　　　　　　　　　　　　　　　　　　　　現　　　　金　245,000

3．所得税の源泉徴収額について，所轄の税務署の納税窓口にて現金で納付した。

（借方）所得税預り金　25,000　　（貸方）現　　　　金　25,000

5　仮払金，仮受金

　金額または内容が未確定な現金の支出と収入を**仮払金，仮受金**といい，それぞれ仮払金勘定，仮受金勘定で処理する。たとえば，従業員の出張にあたり，旅費交通費などの出張費用を概算で前渡しした場合には，仮払金勘定の借方に記入する。後日，従業員が帰って来て支出の内容と金額が確定した時に，仮払金勘定の貸方に記入するとともに，適当な勘定に振り替えて整理する。また，出張中の従業員から現金などの送金があったが，その内容が不明な時は，一時的にこれを仮受金勘定の貸方に記入して処理し，後日その内容が判明した時に，ただちに仮受金勘定の借方に記入するとともに，適当な勘定に振り替えて処理する。

仮　払　金（資産）		仮　受　金（負債）	
概算額で現金を 前渡しした時	支出の内容と金額が 確定した時	収入の内容が 判明した時	現金などを受け取っ たが内容が不明な時

例題12－7　次の一連の取引を仕訳しなさい。

1．従業員出張のため，旅費交通費概算額¥100,000を現金で渡した。

（借方）仮　払　金　100,000　　（貸方）現　　　　金　100,000

2．出張中の従業員から内容不明の現金¥800,000の送金があった。

（借方）現　　　　金　800,000　　（貸方）仮　受　金　800,000

3．上記従業員が出張から帰り，旅費交通費の精算をしたところ，残金が¥4,500あり，現金で返済を受けた。

（借方）旅費交通費　95,500　　（貸方）仮　払　金　100,000
　　　　現　　　　金　4,500

4．従業員の報告により，先の現金¥800,000の送金は売掛金の回収であることが判明した。

（借方）仮　受　金　800,000　　　（貸方）売　掛　金　800,000

6　受取商品券

　商品券とは後日これと引き換えに券面額相当の商品を引き渡す義務を表すものであり，百貨店などは金銭と引き換えに商品券を発行している。また，他の百貨店などと連盟して発行されるものもあり，金銭などと同様に商品代金の支払いに用いられることもある。このような場合，商品の売却時に商品券を受け取ったならば，後日，その商品券と交換に現金などで精算される。このように，**受取商品券**はその商品券を発行した企業に対する債権を表すため，受け取った時は，受取商品券勘定の借方に記入する。そして後日，精算した時には受取商品券勘定の貸方に記入する。

受取商品券（資産）

商品の販売時に 受け取った時	精算を受けた時

例題12－8　　次の取引を仕訳しなさい。

1．商品¥30,000を売り渡し，代金は当店と連盟している近畿百貨店発行の商品券¥25,000と現金¥5,000で受け取った。

　（借方）　受取商品券　　25,000　　　（貸方）売　　　　上　　30,000
　　　　　　現　　　金　　 5,000

2．商品¥50,000を売り渡し，代金は全国百貨店共通商品券¥30,000と現金¥20,000で受け取った。

　（借方）　受取商品券　　30,000　　　（貸方）売　　　　上　　50,000
　　　　　　現　　　金　　20,000

3．近畿百貨店発行の商品券および全国百貨店共通商品券の精算をし，普通預金に振り込まれた。

　（借方）　普 通 預 金　　55,000　　　（貸方）受取商品券　　55,000

7　クレジット売掛金

　クレジットカードによる支払いの条件で商品を販売することがある（第8章5⑵も参照）。クレジットカードによる代金回収は，商品代金の回収が販売先（顧客）ではなく，クレ

ジットカード会社（信販会社）になるため，販売先に対する債権である売掛金と区別する必要があり，**クレジット売掛金**勘定で処理する。また，クレジットカード会社からの代金の回収に際しては，一定の手数料の支払いが生じ，販売代金からクレジットカード会社への手数料を差し引いた金額が受け取る金額となる。このため，クレジット売掛金は，手数料を差し引いた金額で記入される。ただし，支払手数料を入金時に認識する指示がある場合もある。

　クレジット払いの条件で商品を販売した時は，貸方の売上高に対して，クレジット売掛金勘定の借方および支払手数料勘定の借方に記入する。後日，支払手数料が控除された金額が回収された時にクレジット売掛金勘定の貸方に記入する。

クレジット売掛金（資産）

顧客にクレジットの条件で商品を販売した時（手数料控除後の金額^注）	信販会社から手数料控除後の金額を受け取った時

注）ただし，手数料を控除するタイミングは問題により異なる。

例題12-9　次の取引を仕訳しなさい。

1．商品¥100,000をクレジット払いの条件で販売した。なお，信販会社への手数料（販売代金の2%）を販売時に認識する。

　（借方）　クレジット売掛金　98,000　　（貸方）売　　　上　100,000
　　　　　　支 払 手 数 料　　2,000

2．手数料を差し引いた手取額が信販会社から当社の普通預金口座に入金された。

　（借方）　普 通 預 金　98,000　　（貸方）　クレジット売掛金　98,000

3．商品¥100,000をクレジット払いの条件で販売した。なお，信販会社への手数料（販売代金の2%）はクレジット売掛金の入金時に認識する。

　（借方）　クレジット売掛金　100,000　　（貸方）売　　　上　100,000

4．手数料を差し引いた手取額が信販会社から当社の当座預金口座に入金された。

　（借方）　当 座 預 金　98,000　　（貸方）　クレジット売掛金　100,000
　　　　　　支 払 手 数 料　2,000

8　差入保証金

差入保証金は，不動産の賃貸借契約などに際して担保として差し入れる保証金や敷金を処理する勘定である。建物を賃借する際に支払う一時金のうち返還される部分は**差入保証金**勘定，返還されない部分は**長期前払費用**勘定，不動産会社への仲介手数料は支払手数料勘定に記入する。差入保証金は不動産の賃貸借契約の終了時に原則として全額返還される。

例題12-10　次の取引を仕訳しなさい。

1．店舗の賃借にあたり，保証金￥360,000，不動産会社への手数料￥60,000，1ヵ月分の家賃￥60,000を普通預金口座から振り込んだ。

（借方）　差 入 保 証 金　　360,000　　　（貸方）　普 通 預 金　　480,000
　　　　　支 払 手 数 料　　　60,000
　　　　　支 払 家 賃　　　　60,000

2．店舗の退店にあたり，先に敷金として支払っていた￥200,000が返還され，普通預金口座に振り込まれた。

（借方）　普 通 預 金　　200,000　　　（貸方）　差 入 保 証 金　　200,000

Training

問題12-1　次の取引を仕訳しなさい。

(1) 大阪株式会社に対し，現金￥100,000を期限3ヵ月で貸し付けた。なお，後日のため借用証書を受け取った。当社と大阪株式会社の仕訳を示しなさい。

(2) 営業用に使っていたエアコン（帳簿価額￥160,000）を￥160,000で売却し，代金のうち￥60,000は小切手で受け取り，残金は月末に現金で受け取ることにした。売却時と月末の当社の仕訳を示しなさい。

(3) 電卓40台を￥200,000で買い入れ，代金は月末に現金で支払うことにした。購入時と月末の当社の仕訳を示しなさい。

(4) 奈良株式会社から商品￥1,000,000の注文を受け，手付金として￥400,000の小切手を受け取った。当社と奈良株式会社の仕訳を示しなさい。

		借　方　科　目	金　　　額	貸　方　科　目	金　　　額
(1)	当　　　社				
	大阪株式会社				
(2)	売　却　時				
	月　　　末				
(3)	購　入　時				
	月　　　末				
(4)	当　　　社				
	奈良株式会社				

問題12－2　次の一連の取引を仕訳しなさい。

(1)　当社の従業員Aのために服の購入代金¥10,000を現金で立て替えて支払った。

(2)　従業員Aの本月分給料¥150,000を支払うにあたり，先に立替払いした¥10,000および社内積立金（従業員預り金勘定）¥5,000を差し引いて，残額を現金で支払った。

(3)　従業員親睦旅行のため，社内積立金から¥40,000を取り崩し現金で支払った。

(4)　従業員Bが出張するので，旅費交通費として現金¥80,000を概算払いした。

(5)　出張中の従業員Bから送金為替証書¥150,000を受け取り，ただちに当座預金口座に入金したが，その内容は不明である。

(6)　従業員Bが帰社し，旅費交通費の精算をして残金¥8,000を現金で返済を受けた。なお，先に送金のあった¥150,000は売掛金を回収したものであることがわかった。

	借　方　科　目	金　額	貸　方　科　目	金　額
(1)				
(2)				
(3)				
(4)				
(5)				
(6)				

問題12−3　次の取引を仕訳しなさい。

(1)　神奈川株式会社に対して現金￥600,000を期間6ヵ月，利率年4％の条件で貸し付けた。

(2)　上記の貸付金が満期日を迎え，神奈川株式会社から利息とともに現金で受け取り，ただちに当座預金とした。

(3)　横須賀株式会社は，目黒株式会社から期間9ヵ月，利率年6％で借り入れた￥100,000が満期日を迎えたので，本日，利息とともに小切手を振り出してこれを支払った。①横須賀株式会社と②目黒株式会社の仕訳を示しなさい。

		借　方　科　目	金　　額	貸　方　科　目	金　　額
(1)					
(2)					
(3)	①				
	②				

問題12−4　次の取引を仕訳しなさい。

(1)　不要となった備品（帳簿価額￥60,000）を￥60,000で売却し，代金は翌月末に受け取ることとした。

(2)　上記(1)で売却した備品の代金￥60,000を，本日，現金で受け取った。

(3)　東京株式会社より備品￥450,000を購入し，代金のうち￥50,000は小切手を振り出して支払い，残りは翌月末に支払うこととした。

(4)　上記(3)の代金を，本日，小切手を振り出して支払った。

	借　方　科　目	金　　額	貸　方　科　目	金　　額
(1)				
(2)				
(3)				
(4)				

問題12－5　次の取引を仕訳しなさい。

(1)　渋谷株式会社から商品¥500,000を購入する契約を結び，手付金¥100,000を現金で支払った。

(2)　池袋株式会社よりかねて注文しておいた商品¥250,000を受け取り，代金のうち¥50,000は注文時に支払った手付金と相殺し，残額は小切手を振り出して支払った。なお，小切手を振り出す前の当座預金の預金残高は¥120,000であったが，借越限度額¥2,000,000の当座借越契約を結んでいる。

(3)　新宿株式会社に対し商品¥100,000を発送した。この商品は以前に注文を受けた際に，手付金¥20,000を受け取っている。商品代金の残額は月末に支払われる予定である。

	借　方　科　目	金　　額	貸　方　科　目	金　　額
(1)				
(2)				
(3)				

問題12－6　次の取引を仕訳しなさい。

(1)　従業員に給料の前貸しとして現金¥50,000を渡した。

(2)　従業員に給料総額¥680,000を支給するに際して，社会保険料の従業員負担分¥30,000および従業員への給料の前貸し分¥100,000を差し引き，手取金を現金で支払った。

(3)　(2)の社会保険料について，従業員負担額に会社負担額（従業員負担額と同額）を加えて普通預金口座から振り込んで納付した。

(4)　従業員への給料¥560,000の支給に際して，所得税の源泉徴収額（給料の10％）を控除した金額を現金で支払った。

(5)　従業員に本月分の給料¥460,000を支払うにあたり，先に立替払いした¥20,000および所得税の源泉徴収額¥40,000を差し引いて，普通預金口座から振り込んだ。

(6)　所得税の源泉徴収額¥125,000を所轄税務署の納税窓口にて現金で納付した。

	借　方　科　目	金　　額	貸　方　科　目	金　　額
(1)				
(2)				
(3)				

(4)				
(5)				
(6)				

[問題12-7]　次の取引を仕訳しなさい。

(1)　従業員の出張にあたり，出張費用の概算額￥100,000を現金で渡した。

(2)　(1)の従業員が帰社し，出張費用の精算をした。内訳は旅費交通費￥85,000，通信費￥7,000であった。残金は現金で返済を受けた。

(3)　出張中の従業員から￥224,000の当座振込があった。しかし，その内容は不明である。

(4)　(3)の当座振込は，巣鴨株式会社に対する売掛金の回収分であることが判明した。

	借　方　科　目	金　　額	貸　方　科　目	金　　額
(1)				
(2)				
(3)				
(4)				

[問題12-8]　次の取引を仕訳しなさい。

(1)　商品￥70,000を売り渡し，代金は当社と連盟している泉州百貨店発行の商品券￥30,000と現金￥40,000で受け取った。

(2)　(1)の泉州百貨店発行の商品券の精算を受け，普通預金口座に振り込まれた。

(3)　商品￥70,000を売り渡し，代金は全国百貨店共通商品券￥20,000と残額はクレジットで支払いを受けた。なお，信販会社への手数料（販売代金の2％）は販売時に計上する。

(4)　(3)の全国百貨店共通商品券の精算を受け，普通預金口座に振り込まれた。

(5)　(3)のクレジット売掛金につき，手数料を差し引いた手取額が信販会社から普通預金口座に入金された。

	借　方　科　目	金　　額	貸　方　科　目	金　　額
(1)				
(2)				
(3)				
(4)				
(5)				

問題12－9　　次の取引を仕訳しなさい。

(1) 給料￥300,000について，従業員負担の健康保険料￥20,000および厚生年金保険料￥25,000を控除した残額を普通預金口座から振り込んだ。なお，社会保険料の会社負担（従業員負担額と同額）を未払費用として計上した。

(2) (1)の健康保険料および厚生年金保険料について，従業員負担額に会社負担額を加えて普通預金口座から振り込んで納付した。

(3) 商品￥200,000をクレジット払いの条件で販売した。なお，信販会社への手数料（販売代金の３％）は販売時に計上する。

(4) (3)のクレジット売掛金につき，手数料を差し引いた手取額が信販会社から当座預金口座に入金された。

(5) 従業員の借上社宅の賃貸借契約の締結にあたり，敷金￥200,000，不動産会社への仲介手数料￥50,000（１ヵ月分の家賃相当額）を当座預金口座から振り込んだ。

(6) 先に従業員から預かった社宅家賃の従業員負担分￥5,000と合わせて(5)の借上社宅の１ヵ月分の家賃を当座預金口座から振り込んだ。

	借　方　科　目	金　　額	貸　方　科　目	金　　額
(1)				
(2)				
(3)				
(4)				

(5)			
(6)			

第13章

有価証券の処理

1 有価証券

有価証券とは，財産権を表示した証券である。その証券化により，財産権の移転や行使が可能となる。資金調達の目的で企業が発行する株式や社債，国や自治体が発行する国債や地方債などのように，その証券によって金銭的な財産権を表すものが，簿記上の有価証券である。支払い手段として用いられる小切手や手形も証券であるが，簿記上の有価証券とは区別される。

簿記上の有価証券のうち，株式の様式（表面と裏面）については，次のページのとおりである。なお，株式については，2009年（平成21年）1月5日から，利用者の安全性・効率性・利便性の向上を目的とした上場会社の株券の電子化により，すべての上場会社の株式が証券会社などにおける口座で電子的に管理されている（株券のペーパレス化）。未上場の株式（未公開株式）は株券電子化の対象外である。

例題13−1 次の中から簿記上の有価証券に含まれるものを選びなさい。

(1) 株式 　(2) 郵便切手 　(3) 公社債の利札 　(4) 社債 　(5) 受取商品券

(6) 国債 　(7) 手形 　(8) 収入印紙 　(9) 小切手 　(10) 配当金領収証

(11) 地方債

(解) (1)，(4)，(6)，(11)

●株券の例●

神戸 ABC ホールディングス株式会社株券

壱　株　券

A第　000号

会 社 の 商 号　神戸 ABC ホールディングス株式会社

会社の成立年月日　×年4月1日

この株券は記名者が壱株の
株主であることを証する

株式の譲渡制限　当会社の株式を譲渡するには取締役会の承認を受けなければならない

神戸 ABC ホールディングス株式会社
代表取締役　　田中　一郎
KOBE ABC HOLDINGS.INC.

株主　田中　一郎様			株券発行の 年 月 日	×1年4月1日	
登録年月日	株主名	登録証印	登録年月日	株主名	登録証印

神戸 ABC ホールディングス株式会社　　　　　　　A第　000号

2　有価証券の購入と売却

　有価証券を取得した時は，購入代価に売買手数料などの付随費用を加えた額をこの有価証券の取得原価として捉え，**有価証券**勘定の借方にこの取得原価で記入する。

　有価証券を売却した時は，売却価額を分記法によって取得原価（原価部分）と売却損益（損益部分）に分解し，まず原価部分は有価証券勘定の貸方に取得原価で記入する。なお，同じ銘柄の有価証券を複数回にわたり，異なる価額で取得した場合には，移動平均法などによって算定した単位原価を用いる。同時に，売却した有価証券の取得原価と売却価額との差額である損益部分は，「売却価額＞取得原価」の場合は**有価証券売却益**勘定の貸方に，また「売却価額＜取得原価」の場合は**有価証券売却損**勘定の借方に記入する。

【購入時】

（借方）有　価　証　券　×××　　（貸方）現　金　な　ど　×××

有価証券

取得原価 （＝購入代価＋ 付随費用）	売却価額 （原価）
手許有高	

なお，典型的な有価証券の購入代価の算定式は次のとおりである。

＜株式＞

　　　　１株当たり¥150の株式を2,000株購入した場合

　　　購入代価＝¥150×2,000株＝¥300,000

＜国債・社債などの公社債＞

　　　　額面総額¥1,000,000の社債を，額面¥100につき¥98で購入した場合

　　　購入代価＝$¥1,000,000 \times \dfrac{¥98}{¥100} = ¥980,000$

【売却時】

(1)　売却価額＞取得原価

（借方）現　金　な　ど　×××　　（貸方）有　価　証　券　×××
　　　　　　　　　　　　　　　　　　　　有価証券売却益　×××

(2)　売却価額＜取得原価

（借方）現　金　な　ど　×××　　（貸方）有　価　証　券　×××
　　　　有価証券売却損　×××

有価証券売却益	有価証券売却損
売却益	売却損

157

例題13－2　次の取引を仕訳しなさい。

1．新大阪商事株式会社は，新神戸商事株式会社の株式100株を1株当たり￥80,000で買い入れ，代金は買入手数料￥120,000とともに月末に支払うことにした。

（借方）有　価　証　券　8,120,000　　（貸方）未　　払　　金　8,120,000

2．新大阪商事株式会社は，上記の株式70株を1株につき￥90,000で売却し，売却手数料￥110,000を差し引かれ，残額を小切手で受け取った。

（借方）現　　　　　金　6,190,000　　（貸方）有　価　証　券　5,684,000
　　　　　　　　　　　　　　　　　　　　　　　有価証券売却益　　506,000

〈計算上の注意〉

①　純手取額の計算　　売却代金￥90,000×70株　＝　￥6,300,000

　　　　　　　　　　　売却手数料　　　　　　　＝　￥　110,000

　　　　　　　　　　　純手取額　　　　　　　　＝　￥6,190,000

②　売却した有価証券の取得原価

$$￥8,120,000 \times \frac{70株}{100株} = ￥5,684,000$$

3　受取配当金・有価証券利息

　保有している株式の発行会社から利益分配として配当金を受け取った時は，**受取配当金**勘定の貸方に記入する。また，保有している公社債に対する利息を受け取った時は，**有価証券利息**勘定の貸方に記入する。

例題13－3　次の取引を仕訳しなさい。

　かねてより所有している京都商事株式会社の株式1,000株について，1株当たり￥20の配当があり，同社から配当金額収証が郵送されてきた。

（借方）現　　　　　金　20,000　　（貸方）受取配当金　　20,000

4　有価証券の評価

　有価証券の時価は常に変動しているので，決算に際し，売買目的で保有する有価証券は，帳簿価額を時価に評価替えする。「有価証券の時価＞帳簿価額」の場合は，時価と帳簿価額の差額を有価証券勘定の借方と**有価証券評価益**勘定の貸方に記入し，「有価証券の時価＜帳簿価額」の場合は，その差額を有価証券勘定の貸方と**有価証券評価損**勘定の借方に記

入する。

例題13-4　次の取引を仕訳しなさい。

1．決算に際し，売買目的で保有している香川株式会社の株式200株（帳簿価額1株当たり
　¥60,000）を時価に評価替えする。決算日における時価は1株当たり¥70,000となってい
　る。

　　（借方）　有 価 証 券　　2,000,000　　（貸方）　有価証券評価益　　2,000,000

2．決算に際し，売買目的で保有している徳島株式会社の株式100株（帳簿価額1株につき
　¥30,000）を時価に評価替えする。決算日における時価は1株につき¥25,000となってい
　る。

　　（借方）　有価証券評価損　　500,000　　（貸方）　有 価 証 券　　500,000

5　有価証券の分類

　本書では，簿記上の有価証券はすべて有価証券勘定で処理しているが，有価証券はその
保有目的により，「売買目的有価証券」，「満期保有目的債券」，「子会社株式・関連会社株
式」，「その他有価証券」の4つに分類される。ここでは上記分類ごとの簿記上の処理は学
ばないが，概要のみ紹介する。

	保有目的	分　　類	期末評価	貸借対照表での表示方法	有価証券の種類
①	短期の売買	**売買目的有価証券**	時価	有価証券	株式や公社債
②	満期まで保有	**満期保有目的債券**	償却原価	投資有価証券	公社債
③	支配力・影響力の行使	**子会社株式 関連会社株式**	取得原価	関係会社株式	株式
④	①～③以外（長期利殖など）	**その他有価証券**	時価	投資有価証券	株式と公社債

▌Training

問題13-1　次の有価証券の中から，受け入れた場合に現金勘定で処理されるものを選び番号
を記入しなさい。

（1）手形　　　　　（2）期限の到来した公社債の利札　　　（3）配当金領収証

(4)　受取商品券

┌─────────────────────┐
│   │
└─────────────────────┘

問題13－2　次の取引を仕訳しなさい。

(1)　神戸商事株式会社の株式1,000株を＠￥750で買い入れ，代金は小切手を振り出して支払った。

(2)　上記株式のうち500株を1株￥850で売却し，代金は小切手で受け取った。

(3)　大阪商事株式会社の株式5,000株を1株￥100で買い入れ，1株につき￥1.20の買入手数料とともに小切手を振り出して支払った。

(4)　上記株式のうち4,000株を1株￥150で売却し，売却手数料￥10,000を差し引かれ，残額を小切手で受け取り，ただちに当座預金とした。

(5)　日商証券株式会社から国債（額面総額￥5,000,000）を額面￥100につき￥98.50で買い入れ，代金は小切手を振り出して支払った。

(6)　上記国債のうち額面総額￥1,000,000を，額面￥100につき￥96.30で売却し，代金は小切手で受け取った。

	借　方　科　目	金　　額	貸　方　科　目	金　　額
(1)				
(2)				
(3)				
(4)				
(5)				
(6)				

問題13－3　次の取引を仕訳しなさい。

(1)　本日，公社債の利札￥80,000の利払期日が到来した。

(2)　社債の利息支払日となったので，支払銀行に利札を呈示し，引き換えに現金￥164,000を受け取り，ただちに当座預金とした。

(3)　所有している神戸商事株式会社の株式1,000株に対して，1株当たり￥5の配当が行われ，配当金額収証を受け取った。

	借　方　科　目	金　　額	貸　方　科　目	金　　額
(1)				
(2)				
(3)				

問題13－4　次の一連の取引を仕訳しなさい。

(1)　当社は，兵庫商事株式会社の株式100株を1株当たり¥120,000で購入し，代金は買入手数料¥100,000とともに小切手を振り出して支払った。なお，当座預金の預金残高は¥10,000,000であったが，銀行との間で借越限度額¥3,000,000の当座借越契約を結んでいる。また，当社は当座預金勘定および当座借越勘定を用いて処理している。

(2)　当社は，上記の株式70株を1株につき¥140,000で売却し，売却手数料¥20,000を差し引かれ，残額が当社の当座預金口座に振り込まれた。

	借　方　科　目	金　　額	貸　方　科　目	金　　額
(1)				
(2)				

問題13－5　次の取引を仕訳しなさい。なお，有価証券勘定を使用すること。

(1)　決算に際し，売買目的で保有している愛媛株式会社の株式300株（帳簿価額1株につき¥70,000）を時価に評価替えする。

　　①時価が1株につき¥88,000の場合

　　②時価が1株につき¥62,000の場合

(2)　売買目的で保有している株式の内訳は次のとおりである。時価により評価替えを行う。なお，X社の株式とY社の株式はまとめて評価すること。

	帳簿価格	数　量	時　価
X社株式	@¥3,200	300株	@¥3,500
Y社株式	@¥4,900	200株	@¥4,100

		借　方　科　目	金　　額	貸　方　科　目	金　　額
(1)	①				
	②				
(2)					

第14章

有形固定資産の処理

1 有形固定資産の取得

　固定資産とは，企業が長期間にわたって事業用に使用するために保有する資産である。固定資産には，有形固定資産（かたちのあるもの）と無形固定資産（法律上の権利など，かたちのないもの）があるが，ここでは有形固定資産について説明する。

　有形固定資産には，建物，車両運搬具，備品，土地などがある。なお，備品とは，机やいす，パソコンなどの事務機器，家具などをいう。

　有形固定資産を取得した時は，それぞれの勘定の借方に取得原価で記入する。**取得原価**は購入代価と付随費用の合計であり，**付随費用**には，引取運賃，仲介手数料，登録料，据付費などが含まれる。

例題14−1　次の取引を仕訳しなさい。

　建物を¥10,000,000で購入し，代金は小切手を振り出して支払った。なお，仲介手数料¥500,000は現金で支払った。

（借方）建 物	10,500,000	（貸方）当 座 預 金	10,000,000
		現　　　金	500,000

---

2 修繕・改良

　有形固定資産を取得した後，有形固定資産に関する取引で現金などの支出を伴う取引がある。それが修繕と改良である。

　修繕とは，有形固定資産の価値や性能を維持するために行われる支出である。例えば，建物について壁のひび割れを修繕する，雨漏れの部分を修繕するなど，有形固定資産の破損部分を回復するために行われる支出が修繕に該当する。修繕に係る支出は**修繕費**勘定の

借方に記入し，費用として処理する。

　改良とは，有形固定資産の価値を高めたり，耐用年数を延長させるために行われる支出である。例えば，建物に階段を新たに設置する，建物の構造を防火防音に代えるなどの支出が改良に該当する。改良に係る支出は，有形固定資産勘定の取得原価に加算し，支出対象の資産の増加として処理する。

例題14－2　次の取引を仕訳しなさい。

　建物について修繕と改良を行い，小切手を振り出して¥500,000を支払った。なお，このうち30％は改良のための支出である。

　（借方）　建　　　　物　　　150,000　　　（貸方）　当　座　預　金　　　500,000
　　　　　　修　繕　費　　　350,000

（注） 修繕と改良それぞれに支出した金額は次の計算による。

・建物改良に係る支出額　　¥500,000 × 30％ ＝ ¥150,000
・修繕に係る支出額　　　　¥500,000 － ¥150,000 ＝ ¥350,000

---

3 減価償却

(1) 減価償却費の計算

　建物，車両運搬具，備品など，土地を除く有形固定資産は，使用や時の経過に伴ってその価値が減少する。そこで，決算時に，当期中の価値の減少分を見積もって減価償却費として費用に計上するとともに，固定資産の帳簿価額を減少させる。この手続を**減価償却**という。

　減価償却費の計算方法には，定額法，定率法，生産高比例法，級数法などがあるが，ここでは，定額法について説明する。**定額法**は，毎期同額の減価償却費を計上する方法で，次の算式で計算する。

$$減価償却費 ＝ \frac{取得原価 － 残存価額}{耐用年数}$$

　耐用年数とは，有形固定資産の見積使用可能年数である。**残存価額**とは，耐用年数経過後の見積処分価額であり，従来は，取得価額の10％とするのが一般的であったが，税法の改正により，最近はゼロとする場合もある。

（注） 税法では，2007年（平成19年）4月1日以後に取得した有形固定資産については，残存価額をゼロとし，帳簿価額が備忘価額（1円）になるまで減価償却することとされている。

> **例題14－3** 取得価額￥1,000,000，耐用年数5年，残存価額はゼロである備品の毎年の
> 減価償却費を計算しなさい。
>
> $$減価償却費 = \frac{￥1,000,000 - ￥0}{5年} = ￥200,000$$

(2) 減価償却の記帳

減価償却の記帳方法には，直接法と間接法がある。

直接法は，減価償却額を，減価償却費勘定の借方と該当する固定資産の勘定の貸方へ記入する方法である。この方法では，有形固定資産の帳簿価額が直接減額されるので，各有形固定資産の勘定残高がそのまま帳簿価額となる。

> **例題14－4** 次の取引を直接法で仕訳し，勘定口座に転記しなさい。
>
> 1月1日に取得価額￥500,000で取得した備品について，決算（12月31日）で￥100,000の減価償却費を計上する。
>
> （借方）減価償却費 100,000 （貸方）備 品 100,000
>
> | 備 品 | | | 減 価 償 却 費 | |
> |---|---|---|---|---|
> | 1/1 500,000 | 12/31 100,000 | | 12/31 100,000 | |

間接法は，減価償却額を，減価償却費勘定の借方と**減価償却累計額**勘定（資産のマイナス）の貸方へ記入する方法である。この方法では，有形固定資産の勘定残高が直接減額されないため，有形固定資産の帳簿価額は，有形固定資産の各勘定の残高からその有形固定資産の減価償却累計額勘定の残高を差し引いて求めることとなる。

> **例題14－5** 例題14－4の取引を間接法で仕訳し，勘定口座に転記しなさい。
>
> （借方）減 価 償 却 費 100,000 （貸方）備品減価償却累計額 100,000
>
> | 備 品 | | 備 品 減 価 償 却 累 計 額 | |
> |---|---|---|---|
> | 1/1 500,000 | | | 12/31 100,000 |
>
> | 減 価 償 却 費 | |
> |---|---|
> | 12/31 100,000 | |

例題14－6　次の取引を仕訳しなさい。

1　×1年8月1日，建物¥14,000,000を購入し，仲介手数料¥1,000,000を合わせた代金を，小切手を振り出して支払った。

（借方）建　　　　　　　物 15,000,000　（貸方）当　座　預　金 15,000,000

2　×2年3月31日，決算につき，建物の減価償却を行う。なお，残存価額は取得原価の10％，耐用年数は20年とする。減価償却の記帳方法は間接法による。

（借方）減　価　償　却　費　450,000　（貸方）建物減価償却累計額　450,000

$$減価償却費 = \frac{¥15,000,000 - ¥1,500,000}{20年} \times \frac{8ヵ月}{12ヵ月} = ¥450,000$$

（注）　期中で取得した有形固定資産の減価償却費は，年間の減価償却費を月割して計算する。例題では，使用期間が8ヵ月（×1年8月1日～×2年3月31日）なので，年間の減価償却費に8/12を乗じて計算している。

4　有形固定資産の売却

　有形固定資産が不用になった場合，売却されることがある。有形固定資産を売却した場合，売却した資産の帳簿価額と売却価額が一致しない時は，売却益または売却損が生じる。つまり，帳簿価額より売却価額が高い時は売却益が生じ，逆の時は売却損が生じることとなる。

　間接法での記帳を前提とすると，有形固定資産を売却した場合，売却した有形固定資産の貸方と，減価償却累計額の借方に，それぞれ記入し減少させるとともに，帳簿価額（＝取得原価－減価償却累計額）と売却価額との差額を，**固定資産売却益**勘定の貸方または**固定資産売却損**勘定の借方へ記入する。

例題14－7　次の取引を仕訳しなさい。なお，減価償却の記帳方法は間接法による。

1　取得原価¥800,000，減価償却累計額¥650,000の備品を，¥200,000で売却し，代金は現金で受け取った。

（借方）現　　　　　　　金　200,000　（貸方）備　　　　　　　品　800,000
　　　　備品減価償却累計額　650,000　　　　　　固 定 資 産 売 却 益　 50,000

2　上記1の備品を，¥80,000で売却し，代金は現金で受け取った。

（借方）現　　　　　　　金　 80,000　（貸方）備　　　　　　　品　800,000
　　　　備品減価償却累計額　650,000
　　　　固 定 資 産 売 却 損　 70,000

期中で有形固定資産を売却した場合は，売却日での帳簿価額を計算するために，期首から売却日までの減価償却費を計上する必要がある。期首から売却日までの減価償却費は，年間の減価償却費を月割して求める。そして，売却日の帳簿価額（＝取得原価－（減価償却累計額＋減価償却費））と売却価額との差額が固定資産売却益または固定資産売却損となる。

例題14-8　×4年9月30日に備品を売却して，その代金¥180,000は小切手で受け取った。この備品は，×1年4月1日に¥1,000,000で取得したもので，定額法（耐用年数5年，残存価額ゼロ）で減価償却を行い，間接法で記帳している。決算日は3月31日で，×4年3月31日決算での減価償却累計額は¥600,000である。この売却の取引について仕訳しなさい。

（借方）	現　　　　　金	180,000	（貸方）	備　　　　　品	1,000,000
	減 価 償 却 費	100,000			
	備品減価償却累計額	600,000			
	固 定 資 産 売 却 損	120,000			

(注)　期首から売却日までの減価償却費の計算は次の計算による。

$$減価償却費 = \frac{¥1,000,000 - ¥0}{5年} \times \frac{6ヵ月}{12ヵ月} = ¥100,000$$

5　固定資産台帳

有形固定資産は長期間使用するので，財産管理や減価償却計算のために固定資産台帳を備え，資産ごとに，勘定科目，資産名，取得日，耐用年数など，必要事項を記載する。固定資産台帳に決められた様式はないが，一例を示すと，次のとおりである。

固定資産台帳　　　　　　　　　　×3年3月31日現在

管理番号	勘定科目	資　産　名	取得日	耐用年数	取得原価	当期減価償却費	期末減価償却累計額	期末帳簿価額
001	車両運搬具	乗　用　車	×1.4.1	6年	1,200,000	200,000	400,000	800,000
002	備　品	事　務　机	×1.4.1	8年	120,000	15,000	30,000	90,000
003	備　品	応接セット	×2.4.1	5年	250,000	50,000	50,000	200,000
004	備　品	パソコン	×2.10.1	4年	100,000	12,500	12,500	87,500

Training

問題14－1 次の取引を仕訳しなさい。

(1) 営業用の乗用車を¥600,000で購入し，代金は納車に際し登録手数料¥10,000とともに小切手を振り出して支払った。

(2) 建物を¥5,000,000で購入し，代金は小切手を振り出して支払った。また，その際，仲介手数料¥300,000を現金で支払った。

(3) 販売店舗用の土地100㎡を1㎡当たり¥50,000で購入した。代金は，整地費用¥200,000，仲介手数料¥100,000とともに小切手を振り出して支払った。

(4) 事務用書棚を購入し，その代金¥400,000のうち半額と運送保険料¥7,000は小切手を振り出して支払い，残額は月末払いとした。

	借　方　科　目	金　　額	貸　方　科　目	金　　額
(1)				
(2)				
(3)				
(4)				

問題14－2 次の取引を仕訳しなさい。

(1) 建物の改良を行い，小切手を振り出して¥300,000を支払った。

(2) 建物の修繕を行い，¥100,000を現金で支払った。

(3) 建物について修繕と改良を行い，小切手を振り出して¥1,000,000を支払った。なお，このうち20％は改良のための支出である。

	借　方　科　目	金　　額	貸　方　科　目	金　　額
(1)				
(2)				
(3)				

問題14-3　取得原価¥1,000,000, 耐用年数8年, 残存価額はゼロである備品について, 毎年の減価償却費を定額法で計算して以下の表を完成させなさい。

	減 価 償 却 費	備品減価償却累計額
1年目		
2年目		
3年目		
4年目		
5年目		
6年目		
7年目		
8年目		

問題14-4　×1年4月1日に取得した建物（取得原価¥5,000,000, 耐用年数10年, 残存価額は取得原価の10％）について, ×2年3月31日に定額法で減価償却を行った場合, (1)直接法と(2)間接法による仕訳と勘定口座への転記をそれぞれ示しなさい。

	借 方 科 目	金 額	貸 方 科 目	金 額
(1)				
(2)				

(1)　直接法

```
          建        物                         減 価 償 却 費
4/1当座預金  5,000,000 |                              |
```

(2)　間接法

```
          建        物                      建 物 減 価 償 却 累 計 額
4/1当座預金  5,000,000 |                              |

          減 価 償 却 費
                      |
```

問題14-5　次の取引を仕訳しなさい。

(1) ×1年4月1日に取得した建物¥7,000,000について，×2年3月31日（決算日）に減価償却（定額法）を行う。耐用年数20年，残存価額は取得原価の10％とする。なお，減価償却費の記帳は直接法による。

(2) ×1年1月1日に取得した備品¥300,000について，×1年12月31日（決算日）に減価償却（定額法）を行う。耐用年数6年，残存価額はゼロとする。なお，減価償却費の記帳は間接法による。

(3) ×1年6月1日に取得した取得原価¥600,000の備品（耐用年数5年，残存価額はゼロ）について，×2年3月31日（決算日）に減価償却（定額法，間接法）を行う。なお，減価償却費の計算は月割による。

	借　方　科　目	金　　額	貸　方　科　目	金　　額
(1)				
(2)				
(3)				

問題14-6　次の取引を仕訳しなさい。減価償却の記帳は間接法によっている。

(1) 役員の専用車として利用していた高級乗用車を当期末に¥13,000,000で売却した。この車の取得原価は¥20,000,000，当期末における減価償却累計額は¥9,000,000である。なお，代金は小切手で受け取った。

(2) 不要になった応接セットを期末に¥30,000で売却し，1ヵ月後に代金を受け取ることとした。この備品の取得原価は¥1,000,000，前期までの減価償却累計額は¥700,000である。なお，当期の減価償却費¥37,500はすでに計上されている。

	借　方　科　目	金　　額	貸　方　科　目	金　　額
(1)				
(2)				

問題14－7　次の取引を仕訳しなさい。

(1) 営業用の店舗を¥200,000で売却し，代金は現金で受け取った。この建物の取得原価は¥1,000,000，減価償却累計額は¥900,000である。

(2) ×4年4月1日に，不要となった備品を¥100,000で売却し，代金は月末に受け取ることにした。この備品は×1年4月1日に¥400,000で取得し，定額法（耐用年数5年，残存価額はゼロ）で減価償却し，減価償却の記帳は間接法で行っている。なお，決算日は3月31日であり，過年度の減価償却は適正に行われている。

(3) ×6年9月30日に備品を¥130,000で売却し，代金は小切手で受け取った。この備品は×5年4月1日に¥200,000で取得したものである。減価償却は定額法（耐用年数5年，残存価額はゼロ）で，減価償却の記帳は間接法により行っている。なお，決算日は3月31日であり，過年度の減価償却は適正に行われている。

	借　方　科　目	金　　額	貸　方　科　目	金　　額
(1)				
(2)				
(3)				

問題14－8　次の固定資産台帳の記載に基づいて，(1)と(2)の問に答えなさい。

固　定　資　産　台　帳　　　　　　　　×3年3月31日現在

勘定科目	資　産　名	取得日	耐用年数	取得原価	当　期減価償却費	期　末減価償却累計額	期　末帳簿価額
備　品	エアコン	×1.4.1	6年	150,000	（　　　）	（　　　）	（　　　）
備　品	キャビネット	×2.4.1	8年	120,000	15,000	15,000	105,000

(1) 固定資産台帳の（　）に，適切な数字を入れなさい。なお，減価償却は定額法により，残存価額はゼロとする。

(2) 次の①と②の仕訳をしなさい。

　　① ×2年4月1日にキャビネットを購入したときの仕訳。なお，購入代金は現金で支払っ

　た。
　②　×３年３月31日のキャビネットの減価償却の仕訳。なお，記帳方法は間接法による。

(1)

勘定科目	資 産 名	取得日	耐用年数	取得原価	当 期減価償却費	期 末減価償却累計額	期 末帳簿価額
備 品	エ ア コ ン	×1.4.1	6年	150,000	(　　　　)	(　　　　)	(　　　　)

(2)

	借 方 科 目	金 額	貸 方 科 目	金 額
①				
②				

第15章

税金とその他（営業費・訂正仕訳）の処理

1　税金と会計処理

　国および地方公共団体は，法人である株式会社や個人に対して合法的かつ強制的に税を課している。ここでは，株式会社簿記における代表的な論点である消費税と法人税，住民税及び事業税に関する簿記上の処理について学習する。

2　法人税，住民税及び事業税

(1)　法人税，住民税及び事業税の仕組みとその申告・納付

　株式会社には，国からは法人税，地方公共団体からは住民税及び事業税が課される。株式会社によって法人税等は納付されるため，短期的には法人税は株式会社または株主が負担している。しかしながら，中長期的には，法人税の負担が企業の価格設定，賃金の支払いなどにも影響を与えているため，消費者および従業員などの利害関係者それぞれが負担する。

　我が国は，決算整理後に計算される会計上の利益を基礎として税務上の所得額が算定され，法人税等の額が算出される確定決算主義を採用している。企業は決算時に納付する税額を確定させ，決算後2ヵ月以内に確定申告を行って税額を納付する。会計上，これらの税金について，**法人税，住民税及び事業税**または**法人税等**勘定で処理する。

　中間申告を行う場合は，期首から6ヵ月経過した日から2ヵ月以内に中間納税額（6ヵ月分の法人税等の納付額）を納付し，確定申告時に残額を納付する。以下では，次のような中間申告を行う株式会社を前提に会計処理を学習する。

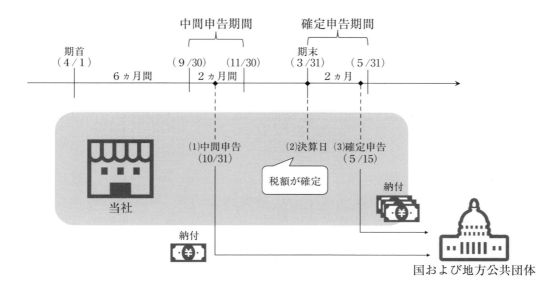

（2）　中間申告

　株式会社が中間申告を行う場合，中間決算に基づいて算出した中間納税額を税務署に申告する。簿記上，中間申告により納付する法人税等の金額は，本決算で１年間の税額が確定する前に支払った法人税等なので**仮払法人税等**勘定に計上する。

例題15−1　熊本株式会社は，10月31日に中間申告を行い，法人税等の中間税額￥70,000を小切手を振り出して納付した。

　　（借方）　仮払法人税等　　　　　70,000　　　（貸方）　当　座　預　金　　　　　70,000

　なお，年次決算のみを行う株式会社は，以下のいずれかの金額を法人税の中間税額として算出して申告する。

---

①　前事業年度の法人税額 $\times \dfrac{1}{2}$

②　仮決算を行い算出した中間税額

（3）　決　　算

　決算において当期の税務上の所得額が算定されるため，法人税等の金額が確定する。簿記上，決算時に確定した金額を法人税等勘定として計上するとともに，確定した法人税等の金額から中間申告の時に納付した仮払法人税等を差し引いた金額を**未払法人税等**勘定に計上する。

例題15-2　例題15-1をもとに熊本株式会社は，3月31日に決算にあたって，法人税等￥150,000を計上した。

（借方）	法 人 税 等	150,000	（貸方）	仮払法人税等	70,000
				未払法人税等	80,000

---

(4)　確定申告

確定申告において，決算時に確定した法人税等の金額から中間申告の時に納付した仮払法人税等を差し引いた金額を申告し納付する。簿記上，決算時に計上した未払法人税等の金額を借方に記入する。

例題15-3　例題15-2をもとに熊本株式会社は，5月31日に中間納税額を除いた法人税等￥80,000を小切手を振り出して納付した。

（借方）	未払法人税等	80,000	（貸方）	当 座 預 金	80,000

3　消費税

(1)　消費税の仕組みとその申告・納付

消費税は，事業者（個人事業者および法人）が提供した商品やサービスに課される税金である。商品やサービスを購入する際に消費者が消費税を負担しているが，消費税の納付は事業者が行っている。ここでは，図のような商品の流通を行う株式会社の消費税の納付についての簿記上の処理について学ぶ。

消費税は，商品やサービスが販売される都度，その販売価格に消費税率を乗じた金額が課税される。株式会社が国および地方公共団体に対して納付する消費税の金額は，販売先から受け取った消費税から仕入先に支払った消費税を差し引いた金額である。つまり，消費税は付加価値（仕入価額と販売価額の差額）に対して課税されているといえる。

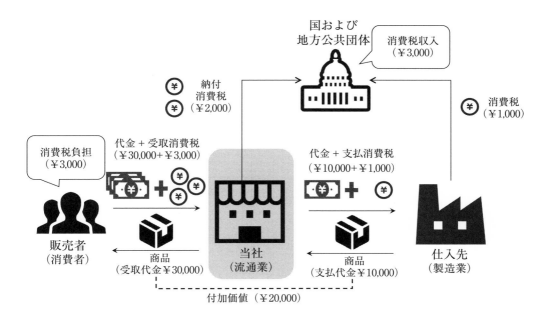

消費者保護の観点から，スーパーやコンビニなどの小売店舗では，消費者にとっての「わかりやすさ」を優先するために税込表示による表示が原則である。しかしながら簿記上は，商品の販売時に株式会社の収益を認識しなければならないので，消費税額を売上高および仕入高に含めないで区別して処理（**税抜方式**）する必要がある。

(2) 商品仕入と消費税

商品を仕入れ，支払価格とともに消費税を支払った時は，**仮払消費税**勘定に借方記入する。

例題15-4 大阪株式会社は，商品￥10,000を仕入れ，その代金は消費税￥1,000とともに現金で支払った。

（借方）	仕	入	10,000	（貸方）	現	金	11,000
	仮 払 消 費 税		1,000				

---

(3) 商品販売と消費税

商品を販売し，販売価格とともに消費税を受け取った時は，**仮受消費税**勘定に貸方記入する。

> **例題15−5**　大阪株式会社は，商品¥30,000を販売し，その代金は消費税¥3,000とともに現金で受け取った。
>
> |（借方）|現　　　金|33,000|（貸方）|売　　　　　上|30,000|
> |---|---|---|---|---|---|
> ||||| 仮 受 消 費 税 |3,000|

⑷　決　　算

　決算において消費税の精算を行う。仮払消費税勘定よりも仮受消費税勘定の金額が大きい場合には，その差額を**未払消費税**勘定の貸方に記入する。また，仮払消費税勘定よりも仮受消費税勘定の金額が小さい場合には，その差額を**未収消費税**勘定の借方に記入する。

> **例題15−6**　次の取引を仕訳しなさい。
> 1. 大阪株式会社は，決算に際し，消費税の精算を行った。仮受消費税¥3,000と仮払消費税¥1,000の差額は全額納付すべき消費税と計算された。
>
> |（借方）| 仮 受 消 費 税 |3,000|（貸方）| 仮 払 消 費 税 |1,000|
> |---|---|---|---|---|---|
> ||||| 未 払 消 費 税 |2,000|
>
> 2. 京都株式会社は，決算に際し，消費税の精算を行った。仮受消費税¥5,000と仮払消費税¥6,000の差額は全額還付されるべき消費税と計算された。
>
> |（借方）| 仮 受 消 費 税 |5,000|（貸方）| 仮 払 消 費 税 |6,000|
> |---|---|---|---|---|---|
> || 未 収 消 費 税 |1,000|||

⑸　確定申告

　確定申告時に株式会社は，付加価値に対して課税された消費税を国および地方公共団体に申告し納付する。消費税を納付した場合，未払消費税勘定の借方に記入する。消費税の還付を受ける場合は，未収消費税勘定の貸方に記入する。

> **例題15−7**　次の取引を仕訳しなさい。
> 1. 大阪株式会社は，確定申告を行い，納付すべき消費税額¥2,000を小切手を振り出して納付した。
>
> |（借方）| 未 払 消 費 税 |2,000|（貸方）| 当 座 預 金 |2,000|
> |---|---|---|---|---|---|
>
> 2. 京都株式会社は，確定申告を行い，現金で消費税の還付を受けた。なお，決算の結果，還付額は¥1,000であった。
>
> |（借方）|現　　　金|1,000|（貸方）| 未 収 消 費 税 |1,000|
> |---|---|---|---|---|---|

4　営業費

営業費は，営業活動を行う上で必要な諸費用のことである。営業費は，一般に販売費及び一般管理費を意味している。営業費には，給料，広告宣伝費，通信費，旅費交通費，水道光熱費，支払手数料，支払家賃，保険料，修繕費，雑費などがある。営業費の発生は，各費目別の勘定の借方に記入する。

例題15－8　次の取引を仕訳しなさい。

1．広告宣伝費￥50,000を現金で支払った。

　（借方）　広告宣伝費　　　50,000　　（貸方）　現　　　　金　　　50,000

2．従業員の給料￥150,000を現金で支払った。

　（借方）　給　　　料　　　150,000　　（貸方）　現　　　　金　　　150,000

5　訂正仕訳

取引を間違えて仕訳していることがわかった時には，誤りを訂正する仕訳が必要である。その時に行われる仕訳が**訂正仕訳**である。訂正仕訳に伴い，その他の関連個所の記帳も訂正する必要が生じる。

例題15－9　次の取引を仕訳しなさい。

買掛金￥80,000を現金で支払った際に，借方科目を誤って仕入と仕訳していたことがわかったので修正した。

（訂正の考え方）

すでに行われていた仕訳

　（借方）　仕　　　入　　　80,000　　（貸方）　現　　　　金　　　80,000

間違った仕訳を取り消す仕訳

　（借方）　現　　　金　　　80,000　　（貸方）　仕　　　　入　　　80,000

正しい仕訳

　（借方）　買　掛　金　　　80,000　　（貸方）　現　　　　金　　　80,000

（解） 以上から，**訂正仕訳には次の仕訳が必要である。**

　（借方）　現　　　金　　　80,000　　（貸方）　仕　　　　入　　　80,000

　（借方）　買　掛　金　　　80,000　　（貸方）　現　　　　金　　　80,000

または，

　（借方）　買　掛　金　　　80,000　　（貸方）　仕　　　　入　　　80,000

■ Training

問題15-1　奈良株式会社の次の一連の取引を仕訳しなさい。

(1) 法人税，住民税及び事業税の中間申告を行い，前年度の法人税等の金額（法人税¥90,000,
住民税¥20,000及び事業税¥10,000）の1/2に相当する金額を小切手を振り出して支払った。

(2) 確定した決算に基づいて計算した所得額によって，法人税¥100,000，住民税¥35,000及び事
業税¥15,000を計上した。

(3) 税務署に対して法人税等の確定申告を行い，納付すべき金額を小切手を振り出して納付した。

	借　方　科　目	金　　額	貸　方　科　目	金　　額
(1)				
(2)				
(3)				

問題15-2　兵庫株式会社の次の一連の取引を税抜方式により仕訳しなさい（消費税率は10%
とする）。

(1) 商品¥165,000（税込）を仕入れ，代金は掛とした。

(2) 商品¥200,000（税抜）を販売し，代金は掛とした。

(3) 決算に際し，消費税の精算を行った。

(4) 税務署に対して消費税の確定申告を行い現金で納付した。

	借　方　科　目	金　　額	貸　方　科　目	金　　額
(1)				
(2)				
(3)				
(4)				

[問題15－3]　奈良株式会社の次の一連の取引を税抜方式により仕訳しなさい（消費税率は10％とする）。

(1)　商品￥80,000（税抜）を仕入れ，代金は掛とした。

(2)　上記商品の一部を￥55,000（税込）で販売し，代金は掛とした。

(3)　決算に際し，消費税の精算を行った。

(4)　税務署に対して消費税の確定申告を行い，現金により還付を受けた。

	借　方　科　目	金　　額	貸　方　科　目	金　　額
(1)				
(2)				
(3)				
(4)				

[問題15－4]　次の取引を仕訳しなさい。

(1)　広告放送の契約を行い，その代金￥140,000を小切手を振り出して支払った。

(2)　支払手数料￥1,000,000を小切手を振り出して支払った。

	借　方　科　目	金　　額	貸　方　科　目	金　　額
(1)				
(2)				

[問題15－5]　次の取引を仕訳しなさい。

(1)　売掛金￥20,000を現金で受け取った時に，貸方科目を売上と仕訳していたことが判明したため，これを修正した。

(2)　受取手形代金￥150,000を現金で回収した際，誤って借方科目を当座預金勘定で計上していたことが判明したため，これを修正した。

(3)　他社振出し，当社宛の約束手形代金￥250,000を現金で回収した際，誤って貸方科目を支払手形勘定で計上していたことが判明したため，これを修正した。

(4)　売掛金￥230,000を，他社振出し，当社宛の約束手形で回収した際，誤って貸借反対に記帳していたことが判明したため，これを修正した。

	借　方　科　目	金　　額	貸　方　科　目	金　　額
(1)				
(2)				
(3)				
(4)				

第16章

資本の処理（資本金・利益剰余金）

1　株式会社とは

　株式会社は，出資者を募集し，経済活動を行うための元手となる資金を調達する企業形態である。株式会社は出資者に対して**株式**という証券を発行する。株式会社では，出資者を**株主**とよぶ。株主は会社に対して出資し，日々の会社経営は**取締役（経営者）**が行う。このため，株式会社は株主からの出資により成り立つので，株主は会社の所有者である。株式会社の経済活動により獲得した利益の使途は，**株主総会**において決定される。その使途には株主への**分配（配当）**が含まれており，株主に還元される場合がある。

　また，株式会社は**有限責任制**を前提としている。仮に株式会社が倒産した場合，株主は出資額の範囲内で責任を負う。

2　資本の分類

　資本は資産と負債の差額として貸借対照表に記載される。

　株主資本は，株主が出資した元手を源泉とする部分（**払込資本**）と，株式会社が経済活動により獲得した利益を源泉とする部分（**留保利益**）に区別される。

　払込資本は，原則貸借対照表上で全額**資本金**とする。資本金は，会社法が定める法定資本であり，債権者を保護するために株式会社が最低限維持しなければならない金額である。

　これに対して，留保利益は株式会社の経済活動により獲得した利益を源泉として企業内に蓄積され，貸借対照表上で**利益剰余金**に含まれる。利益剰余金は，**利益準備金**と**その他利益剰余金**に区別される。会社法では，株主への配当を決定すると，債権者保護を目的として一定額を強制的に利益準備金に積み立てる。また，その他利益剰余金の内訳は**繰越利益剰余金**である。

　以上のことを整理すると，株式会社における資本は以下のように分類される。

資	資　　本　　金			払　込　資　本
	利益剰余金	利　益　準　備　金		留保利益
本		その他利益剰余金	繰越利益剰余金	

3　株式の発行

(1)　株式会社の設立

　株式会社を**設立**するためには，発起人がその会社に関する基本事項（事業の目的，名称など）を定めた定款を作成する必要がある。定款には，株式会社が発行することができる株式の総数（発行可能株式総数）を記載しなければならない。公開会社の場合，株式会社設立時には発行可能株式総数の４分の１以上を発行しなければならない。株式会社設立時に株式を発行した時は，原則として払込額を全額**資本金**勘定の貸方に記入する。

> **例題16－1**　次の取引を仕訳しなさい。
> 　会社の設立にあたり発行可能株式総数5,000株のうち会社法の定める最低限の発行株式数を，１株につき¥4,000で発行し，全額の払込みを受け，これを当座預金とした。なお，資本金の金額は会社法が定める原則的な金額とした。
> 　（借方）　当　座　預　金　　5,000,000　　（貸方）　資　本　金　　5,000,000
> ・発行株式数：5,000株 × $\frac{1}{4}$ = 1,250株
> ・払込金額：@¥4,000 × 1,250株 = ¥5,000,000

(2)　増　　資

　増資とは，株式会社設立後に株式を発行して資本金を増加させることをいう。発行可能株式総数のうち未発行株式数の範囲内であれば，株式会社は取締役会の決議を経て自由に株式を発行できる。なお，増資により株式を発行した時は，設立時と同様原則として全額資本金勘定の貸方に記入する。

例題16−2　次の取引を仕訳しなさい。

　取締役会において増資を決定し，新たに100株を１株につき¥2,000で発行し，全額払込みを受け，これを当座預金とした。なお，資本金の金額は会社法が定める原則的な金額とした。

　（借方）　当 座 預 金　　　200,000　　　（貸方）　資 　本 　金　　　200,000
・払込金額：@¥2,000×100株＝¥200,000

4　利益剰余金の配当と処分

(1)　当期純損益の振替

　利益剰余金は企業の経済活動により獲得した利益を源泉とする部分として企業内に蓄積される。決算において，企業の経済活動により発生した収益と費用は損益勘定に振り替えられ，当期純損益が算出される。株式会社の場合，当期純損益は損益勘定から**繰越利益剰余金**勘定に振り替えられる。その際，当期純利益は繰越利益剰余金勘定の貸方へ，当期純損失は繰越利益剰余金勘定の借方へ振り替えられる。繰越利益剰余金勘定には当期までの純損益が累積される。

例題16−3　次の取引を仕訳しなさい。
１．決算において当期純利益¥1,500,000を計上した。
　（借方）　損　　　　　　益　　1,500,000　　（貸方）　繰越利益剰余金　　1,500,000
２．決算において当期純損失¥1,000,000を計上した。
　（借方）　繰越利益剰余金　　1,000,000　　（貸方）　損　　　　　　益　　1,000,000

(2)　利益剰余金の配当と処分

　利益剰余金の使途は，株主が集う株主総会において決定される。その使途には，株主に還元する配当と，利益準備金の積立てがある。

　株主総会において分配（配当）を決定した際には**繰越利益剰余金**勘定の借方に減少額を記入するとともに**未払配当金**勘定の貸方に決定した配当の金額を記入する。そして，実際に株主に対して配当を支払った時には未払配当金勘定の借方に記入する。

　また，会社法においてその配当財源が繰越利益剰余金の場合，**利益準備金**を積み立てなければならない。

例題16－4　次の取引を仕訳しなさい。

１．×2年6月20日，株主総会において繰越利益剰余金の処分を次のように決定した。

　　配当金：¥3,000,000　　利益準備金：¥300,000

　　（借方）　繰越利益剰余金　　3,300,000　　（貸方）　未 払 配 当 金　　3,000,000
　　　　　　　　　　　　　　　　　　　　　　　　　　　　利 益 準 備 金　　　300,000

２．×2年7月1日に，上記の配当金を小切手を振り出して支払った。

　　（借方）　未 払 配 当 金　　3,000,000　　（貸方）　当 座 預 金　　3,000,000

■ Training

問題16－1　次の一連の取引を仕訳しなさい。

(1)　会社の設立にあたり，発行可能株式総数10,000株のうち3,000株を，1株につき¥5,000で発行し，全額の払込みを受け，これを当座預金とした。なお，資本金の金額は会社法が定める原則的な金額とした。

(2)　取締役会において増資を決定し，新たに500株を1株につき¥4,000で発行し，全額払込みを受け，これを当座預金とした。なお，資本金の金額は会社法が定める原則的な金額とした。

	借 方 科 目	金 　 額	貸 方 科 目	金 　 額
(1)				
(2)				

問題16－2　次の一連の取引を仕訳しなさい。

(1)　会社の設立にあたり，発行可能株式総数10,000株のうち会社法の定める最低限の発行株式数を，1株につき¥5,000で発行し，全額の払込みを受け，これを当座預金とした。なお，資本金の金額は会社法が定める原則的な金額とした。

(2)　取締役会において増資を決定し，新たに300株を1株につき¥2,000で発行し，全額払込みを受け，これを当座預金とした。なお，資本金の金額は会社法が定める原則的な金額とした。

	借　方　科　目	金　　額	貸　方　科　目	金　　額
(1)				
(2)				

問題16－3　損益勘定には収益と費用の諸勘定が振り替えられている。以下の損益勘定から当期純利益または当期純損失を繰越利益剰余金勘定に振り替えなさい。

(1)

損　　　　益

仕　　　入	40,000	売　　　上	65,000
給　　　料	13,000	受取利息	5,000
通　信　費	6,000		
支払家賃	4,000		

(2)

損　　　　益

仕　　　入	20,000	売　　　上	25,000
給　　　料	7,000	受取利息	3,000
通　信　費	4,000		
支払家賃	1,000		

	借　方　科　目	金　　額	貸　方　科　目	金　　額
(1)				
(2)				

問題16－4　次の一連の取引を仕訳しなさい。

(1) ×3年6月25日，株主総会において繰越利益剰余金の処分を次のように決定した。

　　配当金：¥1,000,000　　利益準備金：¥100,000

(2) ×3年7月1日に，上記の配当金を小切手を振り出して支払った。

	借　方　科　目	金　　額	貸　方　科　目	金　　額
(1)				
(2)				

問題16−5　次の一連の取引を仕訳し，繰越利益剰余金勘定に転記するとともに締め切りなさい。

(1)　×4年6月22日，株主総会において繰越利益剰余金の処分を次のように決定した。なお，発行済株式数は20,000株である。

配当金：1株につき￥90　　利益準備金：配当金総額の10分の1

(2)　×4年7月1日，上記の配当金を小切手を振り出して支払った。

(3)　×5年3月31日，決算日において当期純利益￥500,000を計上した。

	借　方　科　目	金　　額	貸　方　科　目	金　　額
(1)				
(2)				
(3)				

繰 越 利 益 剰 余 金

			4／1 前期繰越	3,000,000

第Ⅲ部

決算と財務諸表

第 17 章

決算 1（概要と現金過不足・売上原価の計算）

1 決算の手続

　一定の会計期間において期間の損益を確定する手続が決算である。決算の基本的事項については第 7 章において説明したが，その本質は財政状態（資産・負債・資本の状態）と経営成績（収益と費用の対応による純損益の表示）とを明らかにすることである。決算は，具体的には次の手順で行われる。

(1)　**決算予備手続**
　　　1．仕訳帳の仮締め
　　　2．試算表の作成
　　　3．棚卸表の作成
　　　4．精算表（あるいは決算整理後残高試算表）の作成

(2)　**決算本手続（帳簿決算の手続）**
　　　1．総勘定元帳の締切
　　　2．仕訳帳の締切
　　　3．補助簿の締切

(3)　**財務諸表の作成**
　　　1．損益計算書の作成
　　　2．貸借対照表の作成

2 棚卸表

　決算時に資産・負債の残高や収益・費用の発生額について，実地に品質・数量・価額などを調査することを**棚卸**といい，その時に作られる表を**棚卸表**という。棚卸の結果，総勘

188

定元帳の勘定残高が実際有高に一致していることを検証し，差異が生じていれば総勘定元帳の勘定残高を修正することになる。棚卸表の簡単な形式を示せば以下のようになる。

棚　卸　表

×年3月31日

修　正　科　目	摘　　　　　　要	金　額
(1)　繰越商品	A商品　　@¥250　×　200個　=　¥50,000	
	B商品　　@¥200　×　300個　=　¥60,000	110,000
(2)　貸倒引当金繰入	売掛金期末残高 ¥500,000　×　2%　=　¥10,000	
	貸倒引当金期末残高　　　　　　¥5,000	5,000
(3)　建物減価償却費	取得原価 ¥700,000，残存価額ゼロ	
	耐用年数10年の定額法（間接法）	70,000
(4)　前払保険料	保険料の未経過分	16,000
(5)　未収利息	3ヵ月分未収	80,000
		281,000

なお，棚卸表に関する問題は，第19章で取り扱う。

3　決算整理事項等

決算の際に期間中の取引記録を整理したり，追加・修正したりする場合の手続を**決算整理**という。決算整理事項等として，次のものがあげられ，決算日までに処理がなされていない場合や，決算日までに原因が判明して適切な勘定科目に振り替える場合の未記帳（未処理）事項も含まれる。

これらの決算整理事項等の仕訳（決算整理仕訳など）は，仕訳帳に記入される。また，8桁精算表を作成する場合，決算整理事項等は8桁精算表の修正記入欄において借方・貸方に同じ金額で，各勘定科目の行に記入される。なお，精算表の記入については第20章で学習する。

① 現金過不足勘定の整理
② 売上原価の計算
③ 貸倒引当金の設定
④ 減価償却費の計算
⑤ 収益・費用の前払い・前受けと未収・未払い
⑥ 貯蔵品の棚卸
⑦ 当座借越の振替
⑧ 月次決算による場合の処理

⑨　その他（仮払金・仮受金の整理など）

　本章では，未記帳（未処理）事項の例として，(1)現金過不足勘定の整理，決算整理事項の例として，(2)繰越商品の整理による売上原価の計算，(3)当座借越への振替について学習する。上記以外の事項は，第18章と第19章で学習する。

(1)　現金過不足勘定の整理

　期中に現金の実際有高と現金の帳簿残高との差額を現金過不足勘定で処理していた場合，あるいは期末に初めて現金の実際有高を調査し，現金の帳簿残高との差額を現金過不足勘定で処理した場合，その過不足額の原因が判明した場合には，正しい勘定科目へ振り替える（期中発生の現金過不足の処理については第10章3参照）。決算時になってもその発生原因が判明しない場合には，**雑損**勘定または**雑益**勘定に振替処理を行う。たとえば，現金の実際有高¥990,000と帳簿残高¥1,000,000の差額¥10,000を現金過不足勘定で処理していたものを，決算時に雑損勘定に振り替える仕訳は次のとおりである。

| （借方）雑 | 損 | 10,000 | （貸方）現 金 過 不 足 | 10,000 |

　また，現金の実際有高¥1,010,000と帳簿残高¥1,000,000の差額¥10,000を現金過不足勘定で処理していたものを，決算時に雑益勘定に振り替える仕訳は次のとおりである。

| （借方）現 金 過 不 足 | 10,000 | （貸方）雑 | 益 | 10,000 |

(2)　繰越商品の整理による売上原価の計算

　第8章で学習したように，売上原価は次の式によって計算する。

売上原価＝期首商品棚卸高＋当期商品仕入高（純仕入高）－期末商品棚卸高

　たとえば，期首商品棚卸高¥80,000，当期商品仕入高¥400,000，期末商品棚卸高¥70,000であった場合，仕入勘定で売上原価を算定する方法では，売上原価を計算するための仕訳は次のように行われる。

| （借方）仕 | 入 | 80,000 | （貸方）繰 越 商 品 | 80,000 |
| （借方）繰 越 商 品 | | 70,000 | （貸方）仕 | 入 | 70,000 |

　この方法では期中の仕入はすでに次のように仕訳が行われていると考えられるので，仕入勘定（¥400,000＋¥80,000－¥70,000）によって売上原価（¥410,000）が計算される。

| （借方）仕 | 入 | 400,000 | （貸方）買 掛 金 | 400,000 |

　なお，上記の例で売上原価勘定で売上原価を算定する方法では，売上原価を計算するための仕訳は次のように行われる。

（借方）売　上　原　価	80,000	（貸方）繰　越　商　品	80,000
（借方）売　上　原　価	400,000	（貸方）仕　　　　　入	400,000
（借方）繰　越　商　品	70,000	（貸方）売　上　原　価	70,000

　この方法では，売上原価勘定（¥80,000＋¥400,000－¥70,000）によって売上原価（¥410,000）が計算される。

（3）当座借越の振替

　小切手の振り出しは，原則として当座預金の残高を限度とするが，企業はあらかじめ銀行と当座借越契約を締結しておけば，当座預金残高がマイナスになっても借越限度額まで小切手を振り出すことができる。当座預金残高を超えた引き出し額を**当座借越**という。決算において当座預金残高がマイナス（貸方残高）である場合，当座借越勘定または借入金勘定へ振り替えなければならない（第10章５参照）。たとえば，決算において当座預金勘定の残高が¥100,000（貸方）となった場合，決算時に，当座借越勘定に振り替える仕訳は次のとおりである

（借方）当　座　預　金	100,000	（貸方）当　座　借　越	100,000
		（または借入金	100,000）

▊ Training ▊

問題17－1　次の a. から e. の決算の手続はどういう手順で行われるか，正しい順に並べて（　）内に記号を入れなさい。

a. 棚卸表の作成　　b. 元帳，仕訳帳，補助簿の締切　　c. 損益計算書と貸借対照表の作成
d. 試算表の作成　　e. 精算表（あるいは決算整理後残高試算表）の作成

（　　　　）→（　　　　）→（　　　　）→（　　　　）→（　　　　）

問題17−2　次の決算整理事項に基づいて，決算整理仕訳を示しなさい。

(1)　期中に現金の実際有高を調査した際に，現金の実際有高が￥12,000不足していたので，現金過不足勘定で処理していた。現金過不足額のうち￥9,000は，実際に受け取った売掛金の金額￥12,000を，￥21,000と誤記入していたことによるものであることが判明したが，残額については決算日現在その発生理由が不明であったので，適切な処理をした。

(2)　決算に際し，現金の手許有高を調べたところ，現金の実際有高が帳簿残高より￥5,000不足していることが判明した。この現金不足額のうち￥2,000は，支払利息の記入もれであることが判明したが，残額の原因が不明であったので，適切な処理をした。

(3)　決算に際し，現金の手許有高を調べたところ，帳簿残高は￥27,000であるのに対して，実際有高は￥30,000であった。この現金過剰額のうち￥2,000は，受取利息の記入もれであることが判明したが，残額の原因が不明であったので，適切な処理をした。

	借　方　科　目	金　　額	貸　方　科　目	金　　額
(1)				
(2)				
(3)				

問題17−3　次の決算整理事項に基づいて，決算整理仕訳を示しなさい。なお，商品売買の処理は三分法を採用している。

(1)　現金過不足勘定の借方で処理していた￥20,000のうち，￥16,000は旅費交通費の支払の記入もれであることが判明した。なお，残額は原因不明のため，適切な処理をした。

(2)　期首商品棚卸高は￥150,000，当期商品仕入高は￥3,000,000，期末商品棚卸高は￥200,000である。なお，売上原価については，仕入勘定を用いて計算している。

(3)　期首商品棚卸高は￥150,000，当期商品仕入高は￥3,000,000，期末商品棚卸高は￥200,000である。なお，売上原価については，売上原価勘定を用いて計算している。

(4)　決算において当座預金勘定の残高が￥200,000（貸方）となったので，適切な処理をした。

	借　方　科　目	金　　額	貸　方　科　目	金　　額
(1)				
(2)				

(3)			
(4)			

問題17－4　次の資料に基づいて，決算整理仕訳を行いなさい。なお，商品売買の処理は三分法を採用している。

（資料）

期首商品棚卸高　¥70,000　　　　当期売上高　¥500,000　　　　当期商品仕入高　¥390,000

期末商品棚卸高　¥60,000

1．売上原価を仕入勘定で求める場合

借　方　科　目	金　　額	貸　方　科　目	金　　額

2．売上原価を売上原価勘定で求める場合

借　方　科　目	金　　額	貸　方　科　目	金　　額

問題17－5　当社は，決算時に仕入勘定で売上原価を算定している。そこで，次の資料に基づいて，売上原価算定に関する決算整理仕訳を①期首商品棚卸高の振替，②期末商品棚卸高の振替，③仕入勘定の損益勘定への振替の順に示しなさい。

（資料）

期首商品棚卸高　¥300,000　　　当期商品仕入高　¥5,000,000　　　期末商品棚卸高　¥400,000

	借　方　科　目	金　　額	貸　方　科　目	金　　額
①				
②				
③				

問題17－6 当社は，決算時に売上原価勘定を設けて売上原価を算定している。そこで，次の資料に基づいて，①期首商品棚卸高の振替，②当期商品仕入高の振替，③期末商品棚卸高の振替によって，売上原価算定に関する決算整理仕訳を示し，④売上原価を損益勘定へ振り替える決算振替仕訳を示しなさい。なお，商品売買の処理は三分法を採用している。

（資料）

期首商品棚卸高　¥200,000　　当期商品仕入高　¥4,000,000　　期末商品棚卸高　¥100,000

	借　方　科　目	金　　額	貸　方　科　目	金　　額
①				
②				
③				
④				

第 18 章

決算2（貸倒・減価償却）

1 貸 倒

(1) 貸倒損失

貸倒とは，売掛金や受取手形のような**売上債権**や貸付金が，相手方の倒産などの理由により回収不能となることをいう。たとえば，売上債権に貸倒が発生すると，貸倒損失勘定（費用）の借方に記入するとともに，売掛金などの売上債権を減少させる。

例題18−1 次の取引を仕訳しなさい。

得意先宝塚株式会社が経営不振となり，同社に対する売掛金¥50,000が回収不能となった。

（借方）貸 倒 損 失 50,000 （貸方）売 掛 金 50,000

---

(2) 貸倒引当金の設定

売上と貸倒が異なる会計期間に発生する場合には，収益と費用の期間対応に食い違いを生じることとなる。

そこで，決算日に債権の残高がある場合には，あらかじめ将来の貸倒を見積もり，これを売上の計上と同じ会計期間に費用として計上する方法がとられる。

この貸倒の見積額（**貸倒見積高**）は，債務者の財政状態および経営成績などに応じて区

分した債権ごとに算定する。経営状態に重大な問題が生じていない債務者に対する債権（一般債権）については，債権の状況に応じて求めた過去の貸倒実績率などの合理的な基準により貸倒見積高を算定する。これを**実績法（貸倒実績率法）**という。貸倒見積高は，貸倒損失勘定ではなく，**貸倒引当金繰入**勘定の借方に記入する。この貸倒見積高の計上に際しては，見積りという性格上，売掛金や受取手形などを直接減額するのではなく，**貸倒引当金**勘定（資産のマイナス）を用いる。貸倒引当金は売掛金や受取手形などから控除すべき性質をもつ**評価勘定**である。

> **例題18−2**　次の取引を仕訳しなさい。
> ×年3月31日，決算に際し，売上債権の期末残高¥1,000,000に対して2％の貸倒を見積もる。
> （借方）貸倒引当金繰入　　20,000　　（貸方）貸　倒　引　当　金　　20,000

また，当期の決算に際して前期に設定した貸倒引当金に残高がある場合，この残高よりも貸倒見積高の方が多い場合には，その差額を新たに貸倒引当金に繰り入れ，貸倒引当金残高を貸倒見積高に修正する。反対に，貸倒見積高の方が少ない場合には，その差額分の貸倒引当金を減額し，**貸倒引当金戻入**勘定に振り替え，貸倒引当金残高を貸倒見積高に修正する。これを**差額補充法**という。

> **例題18−3**　次の3つのケースについて仕訳しなさい。
> 当期末に計上すべき貸倒見積高は¥30,000である。前期末に設定された貸倒引当金の残高は，①ゼロ，②¥20,000，③¥35,000である。
> ①（借方）貸倒引当金繰入　　30,000　　（貸方）貸　倒　引　当　金　　30,000
> ②（借方）貸倒引当金繰入　　10,000　　（貸方）貸　倒　引　当　金　　10,000
> ③（借方）貸　倒　引　当　金　　5,000　　（貸方）貸倒引当金戻入　　5,000

(3)　貸倒の処理等

前期末の決算で貸倒引当金を見積り計上しており，当期に貸倒が発生した場合には貸倒引当金を取り崩すとともに売掛金などを減少させる。貸倒の金額が貸倒引当金を超える場合には，その超過額については貸倒損失として処理する。

> **例題18−4**　次の取引を仕訳しなさい。
> 1．前期末に計上された貸倒引当金が¥20,000ある。当期に¥5,000の貸倒が発生した。
> （借方）貸　倒　引　当　金　　5,000　　（貸方）売　掛　金　　5,000
> 2．前期末に計上された貸倒引当金が¥20,000ある。当期に¥30,000の貸倒が発生した。

| （借方） | 貸倒引当金 | 20,000 | （貸方） | 売　掛　金 | 30,000 |
| | 貸倒損失 | 10,000 | | | |

　前期の決算で設定した貸倒引当金は，前期の決算で保有している売掛金などの債権に対してのみ取り崩すことができる。したがって，当期新たに増加した売掛金などの債権が貸し倒れた場合，貸倒引当金に残高があっても取り崩すことはできず，貸倒損失として処理する。

例題18−5　次の取引を仕訳しなさい。

1．期中に取引先が倒産し，当期新たに増加した同社に対する売掛金¥25,000が回収不能となった。なお，貸倒引当金の残高が¥20,000ある。

| （借方） | 貸倒損失 | 25,000 | （貸方） | 売　掛　金 | 25,000 |

2．期中に取引先が倒産し，前期より繰り越した同社に対する売掛金¥70,000および当期新たに増加した売掛金¥60,000が回収不能となった。なお，貸倒引当金の残高が¥150,000ある。

| （借方） | 貸倒引当金 | 70,000 | （貸方） | 売　掛　金 | 130,000 |
| | 貸倒損失 | 60,000 | | | |

⑷　償却債権取立益

　前期以前に貸倒として処理した債権を回収した時は，収益として**償却債権取立益**勘定の貸方に記入する。

例題18−6　次の取引を仕訳しなさい。

　前期に貸倒として処理した売掛金のうち，¥5,000を現金で回収した。

| （借方） | 現　　　金 | 5,000 | （貸方） | 償却債権取立益 | 5,000 |

2　減価償却

⑴　減価償却費の計算方法

　第14章で学習したように，有形固定資産（土地など一部を除く）は，使用または時の経過に伴ってその価値が減少する。そこで決算時に，その期間における有形固定資産の価値の減少部分を見積もって費用（減価償却費とよぶ）を計上するとともに，有形固定資産の帳簿価額を減少させる。この手続を減価償却とよぶ。

　減価償却費を計算するには，①取得原価，②耐用年数，③残存価額の３つの計算要素が必要である。耐用年数は有形固定資産の見積使用可能期間であり，実務上は税法が定める期間を用いることが多い。残存価額は耐用年数経過後の見積処分価額であり，従来は，一般的に取得原価の10％が用いられたが，最近では税法の改正によりゼロとする場合もある。毎期同額の減価償却費を計上する方法を定額法とよび，次の算式で計算される。

$$減価償却費＝\frac{取得原価－残存価額}{耐用年数}$$

(2)　減価償却の記帳法

①　直接法：減価償却費計上額を有形固定資産勘定の貸方に記入し，有形固定資産の勘定残高を直接減額する方法である。

（借方）減 価 償 却 費　×××　　（貸方）建　　　　　　　物　×××

②　間接法：減価償却費計上額を減価償却累計額勘定の貸方に記入し，有形固定資産の勘定残高を間接的に減額する方法である。

（借方）減 価 償 却 費　×××　　（貸方）建物減価償却累計額　×××

(3)　月次決算による減価償却費の処理

　通常，減価償却の処理は年１回の決算時に行われる。しかし，月次決算を行う場合は，毎月末に，１ヵ月分の減価償却費を計上する。定額法の場合，次の数式で計算される。

$$1ヵ月分の減価償却費＝\frac{取得原価－残存価額}{耐用年数}×\frac{1ヵ月}{12ヵ月}$$

■ Training

問題18－1　　次の取引を仕訳しなさい。なお，貸倒引当金は設定されていない。

(1)　得意先梅田株式会社倒産のため，同社に対する売掛金￥500,000を貸倒として処理した。

(2)　商品の外注加工を依頼している三宮株式会社が著しい経営不振となり，同社に対する貸付金￥1,000,000が回収不能となったので貸倒として処理した。

	借　方　科　目	金　　額	貸　方　科　目	金　　額
(1)				
(2)				

問題18－2　次の取引を仕訳しなさい。なお，貸倒引当金は設定されていない。

(1)　得意先富山株式会社が倒産し，同社に対する売掛金￥50,000が貸倒となった。

(2)　得意先新潟株式会社が経営不振となり，同社に対する売掛金￥80,000，受取手形￥50,000を貸倒として処理した。

(3)　得意先山形株式会社が倒産し，同社に対する売掛金￥90,000，貸付金￥600,000が回収不能となった。

	借　方　科　目	金　　額	貸　方　科　目	金　　額
(1)				
(2)				
(3)				

問題18－3　次の資料に基づき，決算整理仕訳を示しなさい。

(1)　受取手形￥300,000および売掛金￥600,000について，2％の貸倒引当金を新しく設定することにした。

(2)　売掛金￥1,000,000，受取手形￥2,500,000および貸付金￥1,500,000について1％の貸倒引当金を新しく設定することにした。

	借　方　科　目	金　　額	貸　方　科　目	金　　額
(1)				
(2)				

問題18－4　当期の決算に際して売上債権の貸倒を見積もったところ¥25,000となった。次の
3つのケースについて，決算整理仕訳を示しなさい。

(1) 貸倒引当金の残高がない場合

(2) 貸倒引当金の残高が¥15,000の場合

(3) 貸倒引当金の残高が¥30,000の場合

	借　方　科　目	金　　額	貸　方　科　目	金　　額
(1)				
(2)				
(3)				

問題18－5　次の資料に基づき，決算整理仕訳を示しなさい。なお，貸倒引当金の残高はない。

(1) 決算に際し，売掛金の期末残高¥50,000に対して3％の貸倒引当金を設定する。

(2) 決算に際し，受取手形¥40,000および売掛金¥50,000について4％の貸倒引当金を設定する。

(3) 決算に際し，売掛金¥50,000，受取手形¥60,000および貸付金¥100,000について2％の貸倒
引当金を設定する。

	借　方　科　目	金　　額	貸　方　科　目	金　　額
(1)				
(2)				
(3)				

問題18－6　次の取引を仕訳しなさい。

(1) 得意先奈良株式会社が倒産したため，同社に対する売掛金¥6,000を貸倒として処理した。
なお，貸倒引当金の残高は¥18,000である。

(2) 宮城株式会社の突然の倒産により，同社に対する売掛金¥40,000が回収不能となったので，
貸倒として処理した。なお，貸倒引当金の残高は¥15,000である。

(3) 山形株式会社に掛売りした商品代金¥20,000が，同社の倒産により，回収不能となったので，
貸倒として処理した。なお，貸倒引当金の残高はない。

	借　方　科　目	金　　額	貸　方　科　目	金　　額
(1)				
(2)				
(3)				

問題18－7　次の一連の取引を仕訳しなさい。

(1)　本日（×2年3月31日）決算に際し，売掛金残高￥800,000に対して，過去の貸倒実績率に基づき，3%の貸倒を見積もった。なお，貸倒引当金勘定の残高は￥5,000である。

(2)　×2年6月15日，和歌山株式会社が倒産し，前期より繰り越した同社に対する売掛金￥16,000および当期新たに増加した売掛金￥6,000が回収不能となった。

(3)　×2年9月27日，神奈川株式会社が倒産し，前期より繰り越した同社に対する売掛金￥12,000が回収不能となった。

	借　方　科　目	金　　額	貸　方　科　目	金　　額
(1)				
(2)				
(3)				

問題18－8　次の取引を仕訳しなさい。なお，決算日は12月31日とする。

(1)　×1年10月31日，得意先大阪株式会社が倒産したため，同社に対する売掛金￥10,000を貸倒として処理した。なお，貸倒引当金の残高は￥15,000である。

(2)　×2年3月10日，上記の売掛金のうち￥3,000を現金で回収した。

	借　方　科　目	金　　額	貸　方　科　目	金　　額
(1)				
(2)				

問題18－9　×1年4月1日に取得した建物（取得原価¥50,000，耐用年数10年，残存価額ゼロ）について，×2年3月31日（決算日）に定額法で減価償却を行った場合，(1)直接法と(2)間接法による仕訳と勘定口座への転記をそれぞれ示しなさい。

	借　方　科　目	金　　額	貸　方　科　目	金　　額
(1)				
(2)				

(1)　直接法

建　　　物　　　　　　　　　　　　　減価償却費

4/1 当座預金　50,000

(2)　間接法

建　　　物　　　　　　　　　　　建物減価償却累計額

4/1 当座預金　50,000

減　価　償　却　費

問題18－10　次の取引を仕訳しなさい。

(1)　×2年3月31日（決算日）に建物（取得原価¥9,000,000，減価償却累計額¥5,400,000，耐用年数30年，残存価額は取得原価の10％）の減価償却を定額法で行った。

(2)　×1年1月1日に取得した備品¥300,000について，×1年12月31日（決算日）に減価償却（定額法，耐用年数6年，残存価額ゼロ）を行う。なお，減価償却費の記帳は間接法による。

(3)　×1年6月1日に取得した取得原価¥450,000の備品（耐用年数5年，残存価額ゼロ）について，×2年3月31日（決算日）に減価償却（定額法）を行う。なお，減価償却費の計算は月割とし，記帳は間接法による。

(4)　×1年4月1日に取得した取得原価¥1,500,000の車両運搬具（耐用年数5年，残存価額ゼロ）について，×2年3月31日（決算日）に減価償却（定額法）を行う。なお，減価償却費の記帳は直接法による。

(5)　当社は月次決算を実施している。月末時に，備品（取得原価¥600,000，耐用年数5年，残存価額ゼロ）の減価償却（定額法）を行う。なお，減価償却費の記帳は間接法による。

	借　方　科　目	金　　額	貸　方　科　目	金　　額
(1)				
(2)				
(3)				
(4)				
(5)				

問題18−11　×1年7月1日に取得した建物（取得原価￥100,000，耐用年数10年，残存価額ゼロ，減価償却は定額法）について，×3年3月31日決算において減価償却費を計上した後の勘定口座の記入を完成させなさい。なお，減価償却費の記帳は間接法による。

<pre>
        建   物   建 物 減 価 償 却 累 計 額
──────────┬──────────   ──────────┬──────────
          ┊   ┊

        減 価 償 却 費
──────────┬──────────
          ┊
</pre>

第 19 章

決算３（経過勘定・貯蔵品）

1 損益の整理

　利息や家賃のように，時間の経過に伴って収益または費用になる項目がある。これらの項目の記帳は，通常，その収入または支出があった時に行われる。しかし，適正な期間損益を計算するためには，収入・支出に基づくのではなく，当期に帰属する部分を算定し，当期の収益・費用を計算しなければならない。この目的のために，損益の整理が必要となる。損益の整理を要する項目には経過勘定や貯蔵品がある。

2 経過勘定

　経過勘定は，次のように，繰延勘定と見越勘定に分類される。

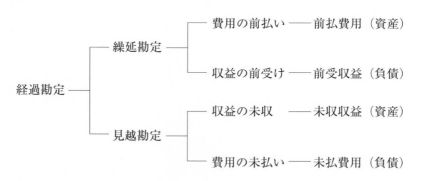

　経過勘定については，翌期の期首に収益または費用への再振替仕訳を行う。**繰延**勘定は，翌期において収入・支出がないので，そのままでは翌期の収益・費用として計上されなくなる。また，**見越**勘定は，翌期に収入・支出が生じるが，この収入・支出の全額が翌期の収益・費用ではない。そこで，経過勘定に関連して翌期における損益への計上もれや重複計上を防止するため，あらかじめ翌期の期首において，決算整理仕訳とは逆の仕訳を行う

のである。これを**再振替仕訳**（再修正仕訳）という。

3 収益・費用の前払い・前受けと未収・未払いの計上

(1) 費用の前払い

当期にすでに対価を支払った費用項目のうち当期に属さない部分は，決算において，当期の費用から除くとともに，**前払費用**として次期以降に繰り延べなければならない。これを**費用の繰延**という。前払費用の例としては，前払利息，前払家賃，前払地代，前払保険料などがある。

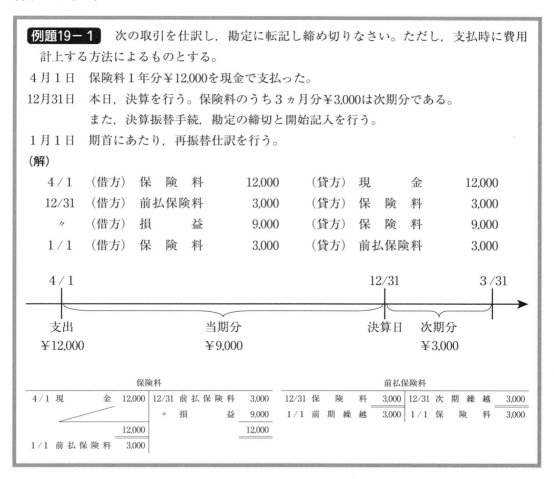

例題19−1　次の取引を仕訳し，勘定に転記し締め切りなさい。ただし，支払時に費用計上する方法によるものとする。

4月1日　保険料1年分￥12,000を現金で支払った。

12月31日　本日，決算を行う。保険料のうち3ヵ月分￥3,000は次期分である。
　　　　　また，決算振替手続，勘定の締切と開始記入を行う。

1月1日　期首にあたり，再振替仕訳を行う。

(解)

4/1	（借方）	保険料	12,000	（貸方）	現金	12,000
12/31	（借方）	前払保険料	3,000	（貸方）	保険料	3,000
〃	（借方）	損益	9,000	（貸方）	保険料	9,000
1/1	（借方）	保険料	3,000	（貸方）	前払保険料	3,000

ただし，支払時に前払費用として資産計上し，決算時に当期分を費用として計上する方法がとられることもある。なお，この方法を採用した場合には，翌期首に再振替仕訳は行わない。

例題19－2　次の取引を仕訳し，勘定に転記し締め切りなさい。ただし，支払時に資産計上する方法によるものとする。

4月1日　保険料1年分¥12,000を現金で支払った。

12月31日　本日，決算を行う。保険料のうち9ヵ月分¥9,000は当期分である。

　　　　　　また，決算振替手続，勘定の締切と開始記入を行う。

（解）

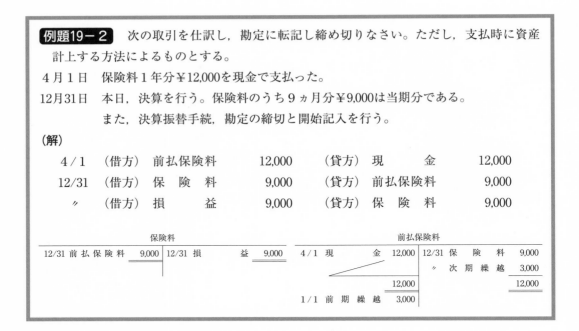

(2)　収益の前受け

当期にすでに対価を受け取った収益項目のうち当期に属さない部分は，決算において，当期の収益から除くとともに，**前受収益**として次期以降に繰り延べなければならない。これを**収益の繰延**という。前受収益の例としては，前受利息，前受家賃，前受地代などがある。

例題19－3　次の取引を仕訳し，勘定に転記し締め切りなさい。

4月1日　地代1年分¥24,000を現金で受け取った。

12月31日　本日，決算を行う。受取地代のうち3ヵ月分¥6,000は次期分である。

　　　　　　また，決算振替手続，勘定の締切と開始記入を行う。

1月1日　期首にあたり，再振替仕訳を行う。

（解）

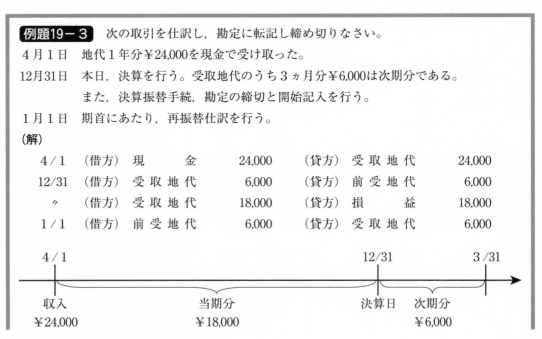

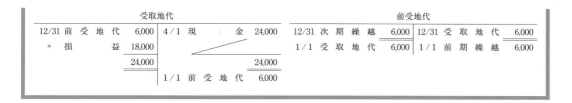

	受取地代					前受地代			
12/31 前 受 地 代	6,000	4／1 現　　　　金	24,000	12/31 次 期 繰 越	6,000	12/31 受 取 地 代	6,000		
〃 損　　　益	18,000			1／1 受 取 地 代	6,000	1／1 前 期 繰 越	6,000		
	24,000		24,000						
		1／1 前 受 地 代	6,000						

(3)　収益の未収

　当期の収益として発生しているが未だ対価を受け取っていないために収益に計上されていない部分は，決算において，当期の収益に計上するとともに，**未収収益**として当期に見越計上しなければならない。これを**収益の見越**という。未収収益の例としては，未収利息，未収家賃，未収地代などがある。

例題19－4　次の取引を仕訳し，勘定に転記し締め切りなさい。

12月31日　当期の8月1日より家屋を賃貸している。この家屋の家賃1年分¥12,000全額は，次期の7月31日に受け取ることになっている。本日，決算に際し，当期の家賃未収分（5ヵ月分）¥5,000を計上する。

　　　　　　また，決算振替手続，勘定の締切と開始記入を行う。

1月1日　期首にあたり，再振替仕訳を行う。

7月31日　上記の家屋の家賃1年分¥12,000を現金で受け取った。

(解)

12/31	（借方）	未 収 家 賃	5,000	（貸方）	受 取 家 賃	5,000
〃	（借方）	受 取 家 賃	5,000	（貸方）	損　　　　益	5,000
1／1	（借方）	受 取 家 賃	5,000	（貸方）	未 収 家 賃	5,000
7／31	（借方）	現　　　　金	12,000	（貸方）	受 取 家 賃	12,000

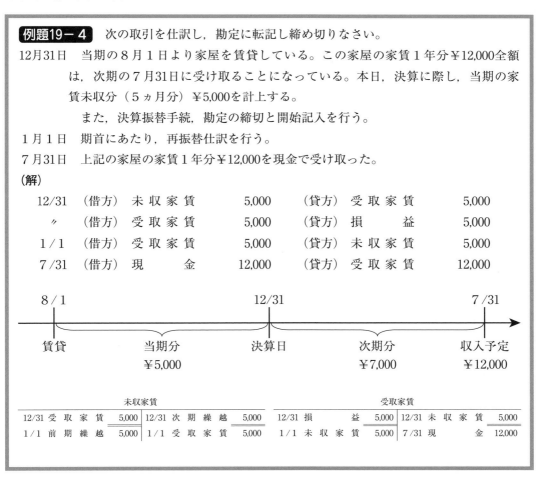

	未収家賃					受取家賃			
12/31 受 取 家 賃	5,000	12/31 次 期 繰 越	5,000	12/31 損　　　　益	5,000	12/31 未 収 家 賃	5,000		
1／1 前 期 繰 越	5,000	1／1 受 取 家 賃	5,000	1／1 未 収 家 賃	5,000	7/31 現　　　　金	12,000		

(4) 費用の未払い

　当期の費用として発生しているが未だ対価を支払っていないために費用に計上されていない部分は，決算において，当期の費用に計上するとともに，**未払費用**として当期に見越計上しなければならない。これを**費用の見越**という。未払費用の例としては，未払利息，未払家賃，未払地代などがある。

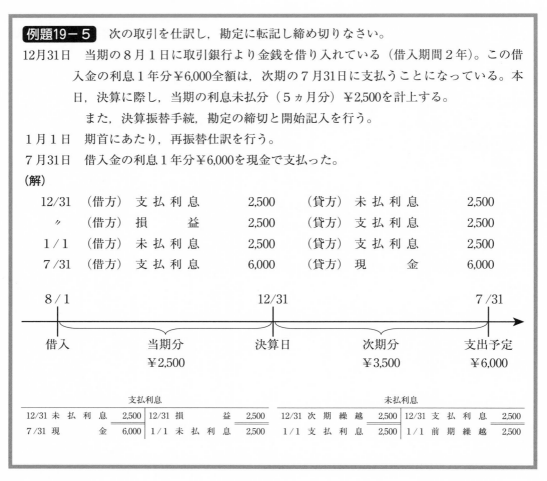

例題19－5　次の取引を仕訳し，勘定に転記し締め切りなさい。

12月31日　当期の8月1日に取引銀行より金銭を借り入れている（借入期間2年）。この借入金の利息1年分¥6,000全額は，次期の7月31日に支払うことになっている。本日，決算に際し，当期の利息未払分（5ヵ月分）¥2,500を計上する。

　　　　　　また，決算振替手続，勘定の締切と開始記入を行う。

1月1日　期首にあたり，再振替仕訳を行う。

7月31日　借入金の利息1年分¥6,000を現金で支払った。

(解)

12/31	（借方）支払利息	2,500	（貸方）未払利息	2,500
〃	（借方）損　益	2,500	（貸方）支払利息	2,500
1/1	（借方）未払利息	2,500	（貸方）支払利息	2,500
7/31	（借方）支払利息	6,000	（貸方）現　金	6,000

```
   8/1                    12/31                 7/31
────┼───────────────────────┼───────────────────────┼──────▶
   借入      当期分          決算日      次期分        支出予定
           ¥2,500                     ¥3,500         ¥6,000
```

支払利息					未払利息			
12/31 未払利息	2,500	12/31 損　益	2,500	12/31 次期繰越	2,500	12/31 支払利息	2,500
7/31 現　金	6,000	1/1 未払利息	2,500	1/1 支払利息	2,500	1/1 前期繰越	2,500

4　貯蔵品

　郵便切手や収入印紙，回数券などの換金性の高い資産についても，損益の整理が必要である。郵便切手は購入時に通信費勘定で，また，収入印紙は購入時に租税公課勘定で処理するが，決算において未使用分がある場合には，これを**貯蔵品**勘定へ振り替える。そして，費用の前払いと同様に，翌期の期首に再振替仕訳を行う。

例題19－6　次の取引を仕訳し，勘定に転記し締め切りなさい。

9月1日　収入印紙¥8,000を購入し，代金は現金で支払った。

12月31日　本日，決算に際し収入印紙の有高を調査したところ，¥3,000分が未使用であることが判明した。

　　　　　また，決算振替手続，勘定の締切と開始記入を行う。

1月1日　期首にあたり再振替仕訳を行う。

2月1日　収入印紙¥1,500を購入し，代金は現金で支払った。

(解)

9／1	（借方）	租税公課	8,000	（貸方）	現　　金	8,000
12/31	（借方）	貯蔵品	3,000	（貸方）	租税公課	3,000
〃	（借方）	損　益	5,000	（貸方）	租税公課	5,000
1／1	（借方）	租税公課	3,000	（貸方）	貯蔵品	3,000
2／1	（借方）	租税公課	1,500	（貸方）	現　　金	1,500

租税公課							
9／1 現　　金	8,000	12/31 貯　蔵　品	3,000
		〃　損　　益	5,000
	8,000		8,000
1／1 貯　蔵　品	3,000		
2／1 現　　金	1,500		

貯蔵品							
12/31 租　税　公　課	3,000	12/31 次　期　繰　越	3,000
1／1 前　期　繰　越	3,000	1／1 租　税　公　課	3,000

■ Training

問題19－1　次の取引を仕訳し，勘定に転記し締め切りなさい。ただし，支払時に費用に計上する方法によるものとする。

5月1日　保険料1年分¥72,000を現金で支払った。

12月31日　本日，決算に際し，保険料のうち次期分について決算整理仕訳を行った。
また，決算振替手続，勘定の締切と開始記入を行う。

1月1日　期首にあたり，再振替仕訳を行う。

		借方科目	金　額	貸方科目	金　額
5/1	保険料支払時				
12/31	決算整理仕訳				
〃	決算振替仕訳				
1/1	再振替仕訳				

保　険　料　　　　　　　　　　　前払保険料

問題19－2　次の取引を仕訳し，勘定に転記し締め切りなさい。ただし，支払時に資産に計上する方法によるものとする。

5月1日　保険料1年分¥72,000を現金で支払った。

12月31日　本日，決算に際し，保険料のうち当期分について決算整理仕訳を行った。
また，決算振替手続，勘定の締切と開始記入を行う。

		借 方 科 目	金 額	貸 方 科 目	金 額
5／1	保険料支払時				
12/31	決算整理仕訳				
〃	決算振替仕訳				

保 険 料　　　　　　　　　　　前 払 保 険 料

[問題19-3]　次の取引を仕訳し，勘定に転記し締め切りなさい。

　4月1日　家賃1年分¥18,000を現金で受け取った。

　12月31日　本日，決算を行う。受取地代のうち3ヵ月分は次期分である。

　　　　　　また，決算振替手続，勘定の締切と開始記入を行う。

　1月1日　期首にあたり，再振替仕訳を行う。

		借 方 科 目	金 額	貸 方 科 目	金 額
4／1	家賃受取時				
12/31	決算整理仕訳				
〃	決算振替仕訳				
1／1	再振替仕訳				

受 取 家 賃　　　　　　　　　　　前 受 家 賃

問題19－4　　次の取引を仕訳し，勘定に転記し締め切りなさい。

12月31日　当期の9月1日より土地を賃貸している。この土地の地代1年分￥24,000全額は，次期の8月31日に受け取ることになっている。本日，決算に際し，当期の地代未収分（4ヵ月分）を計上する。

また，決算振替手続，勘定の締切と開始記入を行う。

1月1日　期首にあたり，再振替仕訳を行う。

8月31日　上記の土地の地代1年分を現金で受け取った。

		借　方　科　目	金　　額	貸　方　科　目	金　　額
12/31	決算整理仕訳				
〃	決算振替仕訳				
1/1	再振替仕訳				
8/31	地代受取時				

受　取　地　代		未　収　地　代	

問題19－5　　次の取引を仕訳し，勘定に転記し締め切りなさい。

12月31日　当期の10月1日より店舗を賃借している（契約期間2年）。この家賃1年分￥36,000全額は，次期の9月30日に支払うことになっている。本日，決算に際し，当期の家賃未払分を計上する。

また，決算振替手続，勘定の締切と開始記入を行う。

1月1日　期首にあたり，再振替仕訳を行う。

9月30日　店舗の家賃1年分を普通預金口座から支払った。

		借　方　科　目	金　　額	貸　方　科　目	金　　額
12/31	決算整理仕訳				
〃	決算振替仕訳				
1/1	再振替仕訳				
8/31	家賃支払時				

支　払　家　賃		未　払　家　賃	

問題19－6　次の決算整理事項に関して，決算整理仕訳をしなさい。

(1)　保険料の前払分¥7,000を計上する。

(2)　家賃の前受分¥15,000を計上する。

(3)　地代の未収分¥60,000を計上する。

(4)　利息の未払分¥8,000を計上する。

(5)　未使用の収入印紙¥2,000と郵便切手¥1,000を実地に確認した。どちらも当期の購入時に費用計上していた。

	借　方　科　目	金　　額	貸　方　科　目	金　　額
(1)				
(2)				
(3)				
(4)				
(5)				

問題19－7　次の決算整理事項に関して，決算整理仕訳を示しなさい。なお，決算日は12月31日である。

(1)　貸付金¥500,000は，今年8月1日に期間1年，利率年3％の条件で貸し付けたものであり，利息は貸付時に1年分を受け取っている。

(2)　当社は前期より損害保険に加入している。保険料の支払いは，毎年5月1日に向こう1年分を支払う契約になっている。本日決算に際し，前払分を月割計上する。なお，保険料勘定の借方残高は¥456,000である。

(3)　受取家賃勘定の貸方残高¥210,000は11月1日に向こう半年分の家賃（毎月同額）を受け取っていたものである。本日決算に際し，前受分を月割計上する。

(4)　当社は前期より取引先に土地を貸しており，契約により毎年9月1日に向こう1年分の地代（毎月同額）を受け取っている。なお，受取地代勘定の貸方残高は¥840,000である。

(5)　支払家賃の借方残高¥450,000は，賃借している店舗に対するものであり，毎年4月と10月の初日に向こう半年分（毎回同額）を支払っている。

	借　方　科　目	金　　額	貸　方　科　目	金　　額
(1)				
(2)				
(3)				
(4)				
(5)				

問題19－8　　次の取引を仕訳し，勘定に転記しなさい。決算日は12月31日である。

〈×１年度〉

4月15日　郵便切手￥3,000を購入し，代金は現金で支払った。

12月31日　本日，決算に際し郵便切手の有高を調査したところ，￥1,000分が未使用であることが判明した。

　　　　　また，決算振替手続，勘定の締切と開始記入を行う。

〈×２年度〉

1月1日　期首にあたり，再振替仕訳を行う。

4月10日　郵便切手￥2,000を購入し，代金は現金で支払った。

	借　方　科　目	金　　額	貸　方　科　目	金　　額
4/15				
12/31				
〃				
1/1				
4/10				

通　信　費

貯　蔵　品

問題19-9 次の取引の仕訳をしなさい。

9月1日 新幹線の回数券¥56,000を購入し，代金は現金で支払った。

12月31日 決算に際し，上記回数券の未使用高¥21,000を次期に繰り延べた。

また，旅費交通費勘定の残高を損益勘定に振り替えた。

1月1日 期首にあたり，再振替仕訳を行う。

3月1日 新幹線の回数券¥15,000を購入し，代金は現金で支払った。

	借 方 科 目	金 額	貸 方 科 目	金 額
9／1				
12/31				
〃				
1／1				
3／1				

問題19-10 以下の棚卸表の空欄に適当な金額を記入し，各修正科目について必要な決算整理仕訳を行いなさい。なお，繰越商品の期首残高は¥112,000であり，売上原価は仕入勘定を用いて計算する。

棚 卸 表

×年3月31日

修 正 科 目	摘　　　　　　　　　　　要	金 額
(1) 繰越商品	甲商品　　@¥400 × 200個 = ¥80,000 乙商品　　@¥250 × 300個 = ¥75,000	（① ）
(2) 貸倒引当金繰入	売掛金期末残高 ¥600,000 × 3% = ¥18,000 貸倒引当金期末残高　　　　　　　¥10,000	（② ）
(3) 減価償却費	備品　取得原価 ¥120,000，残存価額ゼロ， 耐用年数8年の定額法（間接法）	（③ ）
(4) 前受家賃	前受2ヵ月分	5,000
(5) 未収利息	貸付金¥50,000に対する年6％の利子3ヵ月分	（④ ） （⑤ ）

	借 方 科 目	金 額	貸 方 科 目	金 額
(1)				
(2)				
(3)				
(4)				
(5)				

第20章

精算表と決算整理後残高試算表

1 精算表の形式

　決算の手続として，期末の残高試算表の金額に基づいて精算表を作成する。第6章では金額欄が6桁の6桁精算表を学習したが，本章では金額欄が8桁の**8桁精算表**を学ぶ。この精算表では，各勘定科目の残高試算表欄の金額に，修正記入欄に記入される決算整理事項等による金額が加算・減算され，損益計算書欄と貸借対照表欄が作成される。

●**8桁精算表の例示**（現金に100の加算，当座預金に300の減算の処理を行った例）

勘定科目	残高試算表		修正記入		損益計算書		貸借対照表	
	借方	貸方	借方	貸方	借方	貸方	借方	貸方
現　　　　金	800		100				900	
当 座 預 金	1,000			300			700	

2 決算整理事項等と精算表の作成手順

⑴ 決算整理事項

決算整理事項には，以下のものがある。期末整理事項ともよばれる。

① 当座借越の振替（第10章および第17章参照）

② 売上原価の計算（第8章および第17章参照）

③ 貸倒引当金の設定（第18章参照）

④ 減価償却費の計算（第14章および第18章参照）

⑤ 貯蔵品の処理（第19章参照）

⑥　経過勘定（収益・費用の前払い・前受けと未収・未払いの計上）の処理（第19章参照）

⑦　月次決算による場合の処理（第18章参照）

(2)　未記帳事項

　期中に勘定科目が確定せず仮払金・仮受金（第12章参照）で処理している場合や，現金の実際有高と帳簿価額の差額を現金過不足勘定（第10章および第17章参照）で処理している場合がある。決算日には，その原因を究明して適切な勘定科目に振り替える。現金過不足については，原因が判明しない場合には雑損益処理とする。また誤った処理が決算日までに判明することもある。これらをあわせて「決算日までに判明した未記帳（未処理）事項」とよぶ。精算表においては，決算整理事項と同様，**修正記入欄**にその勘定科目の修正金額を記入する。

　これらの未記帳事項と決算整理事項とをあわせて，決算整理事項等とよぶ。なお，決算整理事項と未記帳事項を明確に区別することは，最近ではあまり行われていない。

(3)　8桁精算表の作成手順

　8桁精算表は以下のような手順で作成される。

① **残高試算表欄への記入**

　　期末の残高試算表あるいは総勘定元帳の勘定残高を残高試算表欄に書き移す。残高試算表欄の貸借合計を検算のために行い，その金額を下欄に記入する。

② **修正記入欄への記入**

　　決算時に判明した未記帳事項および決算整理事項に基づいて，決算整理仕訳による金額を該当する勘定科目の修正記入欄に記入する。その時，期末の残高試算表にない勘定科目が必要となる時には勘定科目欄に追加する。

③ **損益計算書欄および貸借対照表欄への書き移し**

　　各勘定科目の残高試算表欄の金額に修正記入欄の金額を加減算して，収益に属する科目の金額は損益計算書欄の貸方に，費用は損益計算書欄の借方に，資産は貸借対照表欄の借方に，負債・資本は貸借対照表欄の貸方に書き移す。たとえば，残高試算表欄の借方に￥1,000，修正記入欄の貸方に￥300が記入された場合には，￥1,000－￥300と減算になる。この勘定科目が資産に属する科目である場合には，貸借対照表欄の借方に￥700と書き移される。

④ **損益計算書欄における当期純利益または当期純損失の算定**

　　損益計算書欄の貸方・借方の金額をそれぞれ合計し，その差額を計算する。利益が生じる場合には貸方（収益合計）の方が借方（費用合計）よりも多いため，差額を借方側に記入し勘定科目欄には当期純利益と記入する。損失の場合には貸方側に記入し勘定科目欄に

は当期純損失と記入する。

⑤　**貸借対照表欄における当期純利益または当期純損失の算定と精算表の締切**

　　貸借対照表欄の貸方・借方の金額をそれぞれ合計し，その金額の差額を計算する。利益が生じる場合には借方（資産合計）の方が貸方（負債・資本合計）よりも多いため，差額を貸方側に記入する。その金額が損益計算書欄で算定した当期純利益の金額と一致することを確認し，最後に損益計算書欄および貸借対照表欄の貸借金額を合計記入して締め切る。

例題20−1　東京株式会社における×年12月31日（決算日）現在の残高試算表と次の決算整理事項によって，精算表を完成しなさい。なお，同社の会計期間は１年である。

決算整理事項：

1．売掛金の期末残高に対して３％の貸倒を見積もる。貸倒引当金の設定は差額補充法による。

2．備品について，定額法により減価償却を行う。なお，この備品の耐用年数は５年，残存価額はゼロとして計算する。

3．期末商品棚卸高は，¥125,000である。売上原価は「仕入」の行で計算する。

4．借入金¥100,000は，来年６月30日に返済する約束で本年７月１日に借り入れたもので，その利息（年利率４％）は元本を返済するときに支払うことになっている。

5．家賃¥15,000は，本年10月１日から10ヵ月分の家賃支払額である。

6．保険料¥12,000は，本年12月１日から１年分の保険料支払額である。

(1)　8桁精算表

精　算　表
×年12月31日

勘定科目	残高試算表		修正記入		損益計算書		貸借対照表	
	借方	貸方	借方	貸方	借方	貸方	借方	貸方
現　　　　金	86,000						86,000	
売　　掛　　金	190,000						190,000	
繰　越　商　品	100,000		125,000	100,000			125,000	
備　　　　品	90,000						90,000	
買　　掛　　金		180,000						180,000
借　　入　　金		100,000						100,000
貸 倒 引 当 金		3,000		2,700				5,700
備品減価償却累計額		18,000		18,000				36,000
資　　本　　金		90,000						90,000
利　益　準　備　金		8,000						8,000
繰越利益剰余金		2,000						2,000
売　　　　上		895,000				895,000		
仕　　　　入	746,000		100,000	125,000	721,000			
給　　　　料	40,000				40,000			
支　払　家　賃	15,000			10,500	4,500			
支　払　地　代	10,000				10,000			
保　　険　　料	12,000			11,000	1,000			
雑　　　　損	7,000				7,000			
	1,296,000	1,296,000						
貸倒引当金繰入			2,700		2,700			
減 価 償 却 費			18,000		18,000			
支　払　利　息			2,000		2,000			
未　払　利　息				2,000				2,000
前　払　家　賃			10,500				10,500	
前　払　保　険　料			11,000				11,000	
当　期　純　利　益					88,800			88,800
			269,200	269,200	895,000	895,000	512,500	512,500

〔解説〕

　決算整理事項ごとに，仕訳，精算表への修正記入，損益計算書または貸借対照表への移記を示す。

1．貸倒引当金の設定

　売掛金¥190,000に対して3％であるから，設定すべき金額は¥5,700となる。期末時点で

¥3,000の貸倒引当金の残高があるので，差額補充すべき金額は¥2,700である。

（借方）貸倒引当金繰入　　2,700　　　（貸方）貸　倒　引　当　金　　2,700

勘定科目	残高試算表		修正記入		損益計算書		貸借対照表	
	借方	貸方	借方	貸方	借方	貸方	借方	貸方
貸倒引当金		3,000		2,700				5,700
貸倒引当金繰入			2,700		2,700			

２．減価償却費の算定

備品¥90,000に対する減価償却費は，¥90,000 ÷ 5年 ＝ ¥18,000となる。

（借方）減　価　償　却　費　　18,000　　　（貸方）備品減価償却累計額　　18,000

勘定科目	残高試算表		修正記入		損益計算書		貸借対照表	
	借方	貸方	借方	貸方	借方	貸方	借方	貸方
備品減価償却累計額		18,000		18,000				36,000
減価償却費			18,000		18,000			

３．売上原価の算定

売上原価は，期首商品棚卸高＋当期商品仕入高－期末商品棚卸高で算定される。「仕入」の行で算定するための仕訳は次のようになる。

（借方）仕　　　　　入　　100,000　　　（借方）繰　越　商　品　　100,000
（借方）繰　越　商　品　　125,000　　　（借方）仕　　　　　入　　125,000

勘定科目	残高試算表		修正記入		損益計算書		貸借対照表	
	借方	貸方	借方	貸方	借方	貸方	借方	貸方
繰越商品	100,000		125,000	100,000			125,000	
仕入	746,000		100,000	125,000	721,000			

４．未払費用の計上（未払利息の算定）

当期に借り入れ，利息は次期に支払うことになっているのであるから，当期分の利息は未払となっている。未払分は7月1日から12月31日までの6ヵ月分であるから，¥100,000 × $4\% \times \dfrac{6\,\text{ヵ月}}{12\,\text{ヵ月}} = ¥2,000$ となる。

（借方）支　払　利　息　　2,000　　　（貸方）未　払　利　息　　2,000

勘定科目	残高試算表		修正記入		損益計算書		貸借対照表	
	借方	貸方	借方	貸方	借方	貸方	借方	貸方
支払利息			2,000		2,000			
未払利息				2,000				2,000

5．前払費用の計上1（前払家賃の算定）

　支払総額に含まれる次期分の家賃（すなわち，前払家賃）は，10ヵ月分－3ヵ月分（10月から12月）＝7ヵ月分である。金額は，$¥15,000 \times \dfrac{7ヵ月}{10ヵ月} = ¥10,500$となる。

　　（借方）　前　払　家　賃　　10,500　　　（貸方）　支　払　家　賃　　10,500

勘定科目	残高試算表		修正記入		損益計算書		貸借対照表	
	借方	貸方	借方	貸方	借方	貸方	借方	貸方
支　払　家　賃	15,000			10,500	4,500			
前　払　家　賃			10,500				10,500	

6．前払費用の計上2（前払保険料の算定）

　支払総額に含まれる次期分の保険料（すなわち前払保険料）は，1年分－1ヵ月分（12月）＝11ヵ月分である。金額は，$¥12,000 \times \dfrac{11ヵ月}{12ヵ月} = ¥11,000$となる。

　　（借方）　前　払　保　険　料　　11,000　　　（貸方）　保　　険　　料　　11,000

勘定科目	残高試算表		修正記入		損益計算書		貸借対照表	
	借方	貸方	借方	貸方	借方	貸方	借方	貸方
保　　険　　料	12,000			11,000	1,000			
前　払　保　険　料			11,000				11,000	

　決算整理事項に関連する勘定科目以外の勘定科目も「8桁精算表の作成手順」の③に従って，損益計算書欄または貸借対照表欄への移記を行うと，損益計算書欄の借方合計は貸方合計より¥88,800少なくなる。この金額は「8桁精算表の作成手順」の④で示したように当期純利益である。一方，貸借対照表欄の貸方合計は借方合計より¥88,800少なくなり，当期純利益の金額が同額であることが確かめられる。それを確認した上で，「8桁精算表の作成手順」の⑤で示したように，精算表を締め切る。

3　決算整理後残高試算表

　精算表は，残高試算表に決算整理事項等による金額を加減算して，損益計算書と貸借対照表を一覧表の形式で作成するものである。これに対し，決算整理前に作成した試算表に決算整理事項等を反映させて作成する試算表を**決算整理後残高試算表**という。

　決算整理後残高試算表を作成することで，決算整理仕訳の総勘定元帳への転記の正否を検算できる。また，決算整理後残高試算表は，財務諸表を作成する際の資料にもなる。

例題20－2 次の(1)決算整理前残高試算表および(2)決算整理事項に基づいて，決算整理後残高試算表を作成しなさい。

(1)

決算整理前残高試算表
×2年12月31日

借　方	勘　定　科　目	貸　方
644,700	現　　　　　金	
480,000	普　通　預　金	
380,000	売　　掛　　金	
250,000	繰　越　商　品	
400,000	備　　　　　品	
	買　　掛　　金	477,700
	貸　倒　引　当　金	2,400
	備品減価償却累計額	160,000
	借　　入　　金	500,000
	資　　本　　金	1,000,000
	繰越利益剰余金	20,000
	売　　　　　上	1,600,000
	受　取　手　数　料	49,600
1,280,000	仕　　　　　入	
360,000	支　払　家　賃	
15,000	支　払　利　息	
3,809,700		3,809,700

(2) 決算整理事項：

1．売掛金の期末残高に対して3％の貸倒を見積もる。貸倒引当金の設定は差額補充法による。

2．備品について，定額法により減価償却を行う。
耐用年数　5年　　残存価額　ゼロ

3．期末商品棚卸高は¥340,000であった。売上原価は仕入勘定で計算する。

4．借入金の利息未払分が¥1,300ある。

5．家賃の前払分が¥30,000ある。

決算整理後残高試算表

×2年12月31日

借　方	勘　定　科　目	貸　方
644,700	現　　　　　金	
480,000	普　通　預　金	
380,000	売　　掛　　金	
340,000	繰　越　商　品	
400,000	備　　　　　品	
	買　　掛　　金	477,700
	貸　倒　引　当　金	11,400
	備品減価償却累計額	240,000
	借　　入　　金	500,000
	資　　本　　金	1,000,000
	繰越利益剰余金	20,000
	売　　　　　上	1,600,000
	受　取　手　数　料	49,600
1,190,000	仕　　　　　入	
330,000	支　払　家　賃	
16,300	支　払　利　息	
9,000	貸倒引当金繰入	
80,000	減　価　償　却　費	
30,000	前　払　家　賃	
	未　払　利　息	1,300
3,900,000		3,900,000

〔解説〕

決算整理事項の仕訳は次のようになる。

1．（借方）貸倒引当金繰入　9,000（貸方）貸倒引当金　9,000
2．（借方）減価償却費　80,000（貸方）備品減価償却累計額　80,000
3．（借方）仕　　　　入 250,000（貸方）繰　越　商　品 250,000
　　　　　　　繰　越　商　品 340,000　　　　仕　　　　　入 340,000
4．（借方）支払利息　1,300（貸方）未　払　利　息　1,300
5．（借方）前払家賃 30,000（貸方）支　払　家　賃 30,000

（注）決算整理後残高試算表を作成する目的は，決算整理仕訳の総勘定元帳への転記の正否
　　を検算することであるため，当期純利益（当期純損失）は明示されない。

決算整理後残高試算表の形式は複数ある。

<table>
<tr><td colspan="3" align="center">決算整理後残高試算表</td></tr>
<tr><td colspan="3" align="center">×2年12月31日</td></tr>
<tr><td>勘　定　科　目</td><td>借　　方</td><td>貸　　方</td></tr>
<tr><td>現　　　　　金</td><td>644,700</td><td></td></tr>
<tr><td>普　通　預　金</td><td>480,000</td><td></td></tr>
<tr><td>売　　掛　　金</td><td>380,000</td><td></td></tr>
<tr><td>繰　越　商　品</td><td>340,000</td><td></td></tr>
<tr><td>備　　　　　品</td><td>400,000</td><td></td></tr>
<tr><td>買　　掛　　金</td><td></td><td>477,700</td></tr>
<tr><td>貸　倒　引　当　金</td><td></td><td>11,400</td></tr>
<tr><td>備品減価償却累計額</td><td></td><td>240,000</td></tr>
<tr><td>借　　入　　金</td><td></td><td>500,000</td></tr>
<tr><td>資　　本　　金</td><td></td><td>1,000,000</td></tr>
<tr><td>繰越利益剰余金</td><td></td><td>20,000</td></tr>
<tr><td>売　　　　　上</td><td></td><td>1,600,000</td></tr>
<tr><td>受　取　手　数　料</td><td></td><td>49,600</td></tr>
<tr><td>仕　　　　　入</td><td>1,190,000</td><td></td></tr>
<tr><td>支　払　家　賃</td><td>330,000</td><td></td></tr>
<tr><td>支　払　利　息</td><td>16,300</td><td></td></tr>
<tr><td>貸倒引当金繰入</td><td>9,000</td><td></td></tr>
<tr><td>減　価　償　却　費</td><td>80,000</td><td></td></tr>
<tr><td>前　払　家　賃</td><td>30,000</td><td></td></tr>
<tr><td>未　払　利　息</td><td></td><td>1,300</td></tr>
<tr><td></td><td>3,900,000</td><td>3,900,000</td></tr>
</table>

<table>
<tr><td colspan="4" align="center">決算整理後残高試算表</td></tr>
<tr><td colspan="4" align="center">×2年12月31日</td></tr>
<tr><td>借　方　科　目</td><td>金　　額</td><td>貸　方　科　目</td><td>金　　額</td></tr>
<tr><td>現　　　　　金</td><td>644,700</td><td>買　　掛　　金</td><td>477,700</td></tr>
<tr><td>普　通　預　金</td><td>480,000</td><td>貸　倒　引　当　金</td><td>11,400</td></tr>
<tr><td>売　　掛　　金</td><td>380,000</td><td>備品減価償却累計額</td><td>240,000</td></tr>
<tr><td>繰　越　商　品</td><td>340,000</td><td>借　　入　　金</td><td>500,000</td></tr>
<tr><td>備　　　　　品</td><td>400,000</td><td>資　　本　　金</td><td>1,000,000</td></tr>
<tr><td>仕　　　　　入</td><td>1,190,000</td><td>繰越利益剰余金</td><td>20,000</td></tr>
<tr><td>支　払　家　賃</td><td>330,000</td><td>売　　　　　上</td><td>1,600,000</td></tr>
<tr><td>支　払　利　息</td><td>16,300</td><td>受　取　手　数　料</td><td>49,600</td></tr>
<tr><td>貸倒引当金繰入</td><td>9,000</td><td>未　払　利　息</td><td>1,300</td></tr>
<tr><td>減　価　償　却　費</td><td>80,000</td><td></td><td></td></tr>
<tr><td>前　払　家　賃</td><td>30,000</td><td></td><td></td></tr>
<tr><td></td><td>3,900,000</td><td></td><td>3,900,000</td></tr>
</table>

■ **Training** ■

問題20－1　次に示した【決算整理事項等】に基づいて，答案用紙の精算表を完成しなさい。
なお，会計期間は×年1月1日から12月31日までの1年間である。

【決算整理事項等】

1．受取手形の期日到来による回収額￥45,000が当座預金口座に振り込まれたと銀行より通知があったことが判明した。

2．出張していた従業員が帰社し，￥70,000の概算払いをしていた旅費交通費の精算をした結果，現金￥3,000の戻し入れがあった。

3．仮受金は全額売掛金の回収であることが判明した。

4．受取手形および売掛金の期末残高に対して3％の貸倒を見積もる。引当金の設定は差額補充法による。

5．期末商品棚卸高は￥210,000である。売上原価は「仕入」の行で計算する。

6．備品については定額法により減価償却を行う。耐用年数を5年，残存価額をゼロとして計算する。

7．収入印紙の期末未使用分は￥4,000である。

8．貸付金は，本年2月1日に貸付期間1年，年利率4％の条件で貸し付けたもので，利息は元本とともに返済時に現金で受け取ることになっている。

9．支払家賃は，借りている建物に対するもので，毎年3月と9月の初日に向こう半年分（毎回同額）を支払っている。

精　算　表
×年12月31日

勘定科目	残高試算表		修正記入		損益計算書		貸借対照表	
	借方	貸方	借方	貸方	借方	貸方	借方	貸方
現　　　　　金	80,000							
当　座　預　金	100,000							
受　取　手　形	420,000							
売　　掛　　金	450,000							
仮　　払　　金	70,000							
有　価　証　券	400,000							
繰　越　商　品	220,000							
貸　　付　　金	480,000							
備　　　　　品	300,000							
支　払　手　形		120,000						
買　　掛　　金		109,000						
仮　　受　　金		50,000						
貸　倒　引　当　金		4,000						
備品減価償却累計額		180,000						
資　　本　　金		1,800,000						
利　益　準　備　金		150,000						
繰　越　利　益　剰　余　金		50,000						
売　　　　　上		8,120,000						
仕　　　　　入	6,400,000							
給　　　　　料	830,000							
旅　費　交　通　費	60,000							
租　税　公　課	73,000							
支　払　家　賃	700,000							
	10,583,000	10,583,000						
貸　倒　引　当　金　繰　入								
減　価　償　却　費								
貯　　蔵　　品								
（　　　　　　　）								
（　　　　　　　）利息								
（　　　　　　　）家賃								
当期純（　　　　　）								

問題20－2　次に示した【決算整理事項等】に基づいて，答案用紙の精算表を完成しなさい。なお，会計期間は×年1月1日から12月31日までの1年間である。

【決算整理事項等】

1．現金過不足額のうち，¥10,000は収入印紙購入の記入もれであることが判明したが，残額については決算日現在その発生原因が依然として不明であったので，適切な処理をした。

2．高知株式会社から商品の手付金¥20,000を受け取っていたが，これを売掛金から控除していた。決算に際し，修正する。

3．仮受金は，決算直前に得意先より受け入れていた内容不明の入金であったが，その全額が売掛金の回収であることが判明したので，修正処理を行う。

4．受取手形および売掛金の期末残高に対して3％の貸倒を見積もる。引当金の設定は差額補充法による。

5．期末商品棚卸高は¥130,000である。売上原価は「仕入」の行で計算する。

6．建物および備品については定額法により減価償却を行う。

　建物　耐用年数25年　残存価額：取得原価の10％

　備品　耐用年数5年　残存価額：ゼロ

7．貸付金は，今年2月1日に貸付期間1年，年利率3％の条件で貸し付けたもので，利息は貸し付けたときに受け取っている。

8．保険料は，今年6月1日に保険に加入し，向こう1年分を一括して支払った金額である。

9．未使用の収入印紙を実地確認したところ，¥8,000であった。

10．当社は神戸株式会社に土地を貸しているが，契約により毎年7月1日に向こう1年分の地代を受け取っている。

精算表

×年12月31日

勘定科目	残高試算		修正記入		損益計算		貸借対照	
	借方	貸方	借方	貸方	借方	貸方	借方	貸方
現　　　　金	112,000							
現 金 過 不 足	12,000							
当 座 預 金	140,000							
受 取 手 形	278,000							
売 　掛　 金	362,000							
有 価 証 券	220,000							
繰 越 商 品	110,000							
貸 　付　 金	400,000							
建　　　　物	2,500,000							
備　　　　品	400,000							
支 払 手 形		168,000						
買 　掛　 金		229,000						
前 　受　 金		50,000						
仮 　受　 金		40,000						
貸 倒 引 当 金		3,000						
建物減価償却累計額		1,350,000						
備品減価償却累計額		240,000						
資 　本　 金		2,000,000						
利 益 準 備 金		80,000						
繰越利益剰余金		20,000						
売　　　　上		7,011,000						
受 取 地 代		120,000						
受 取 利 息		12,000						
仕 　　　入	5,760,000							
給 　　　料	913,000							
租 税 公 課	80,000							
保 　険　 料	36,000							
	11,323,000	11,323,000						
（　　　　　）								
貸倒引当金繰入								
減 価 償 却 費								
貯 　蔵　 品								
（　　　　）利息								
（　　　　）保険								
（　　　　）地代								
当期純（　　　　）								

問題20-3　次に示した,【決算整理事項等】に基づいて,答案用紙の精算表を完成しなさい。
なお,会計期間は×年1月1日から12月31日までの1年間である。

【決算整理事項等】

1. 現金過不足につき,その原因を調査していたが,受取手数料¥17,000の記帳もれが判明した。その他は,依然として原因不明である。

2. 取引銀行から,取立依頼していた約束手形¥60,000が無事決済され,当座預金口座に入金された旨の連絡が届いていたが,処理されていなかったことが判明した。

3. 仮払金は,当期に備品を発注した際に購入代金の一部を頭金として支払ったものである。なお,この備品¥300,000は今年12月1日に引渡しを受け,すでに使用を始めているが,代金の残額を来年1月末に支払うこととなっている。これらの処理は未記帳となっている。

4. 出張中の社員から当座預金口座へ振り込まれた¥85,000を仮受金として処理していたが,¥60,000については得意先神戸株式会社に対する売掛金を回収したものであり,残額は得意先大阪株式会社から受領した手付金であることが判明した。

5. 受取手形および売掛金の期末残高に対し,3%の貸倒引当金を差額補充法により設定する。

6. 期末商品棚卸高は¥230,000である。売上原価は「売上原価」の行で計算する。

7. 建物および備品については定額法により減価償却を行う。

　建物　耐用年数20年　残存価額:取得原価の10%
　備品　耐用年数5年　残存価額:ゼロ

　なお,今年度に購入した新備品についても,従来の備品と同様に減価償却を行うが,月割計算による。

8. 借入金の利息は,借入額(前年度から変動はない)に対し年利率4%で,半年ごとの利払日(3月末日と9月末日)に,経過期間に対する金額を月割計算により支払っている。よって未払分を計上する。

9. 年間の保険料は昨年と同額であり,毎年6月1日に向こう1年分を支払っている。

10. 収入印紙の期末未使用分は¥8,000である。

11. 受取手数料の前受分が¥19,000ある。

精　算　表

×年12月31日

勘定科目	残高試算表		修正記入		損益計算書		貸借対照表	
	借方	貸方	借方	貸方	借方	貸方	借方	貸方
現　　　　金	192,000							
現 金 過 不 足		20,000						
当 座 預 金	140,000							
受 取 手 形	450,000							
売 　 掛 　 金	580,000							
仮 　 払 　 金	50,000							
有 価 証 券	450,000							
繰 越 商 品	318,000							
建　　　　物	1,800,000							
備　　　　品	360,000							
支 払 手 形		356,000						
買 　 掛 　 金		565,000						
未 　 払 　 金		75,000						
前 　 受 　 金		120,000						
借 　 入 　 金		600,000						
仮 　 受 　 金		85,000						
貸 倒 引 当 金		7,000						
建物減価償却累計額		972,000						
備品減価償却累計額		216,000						
資 　 本 　 金		900,000						
利 益 準 備 金		70,000						
繰越利益剰余金		30,000						
売　　　　上		6,620,800						
受 取 手 数 料		120,000						
仕 　 　 　 入	5,360,000							
給 　 　 　 料	928,000							
租 税 公 課	76,800							
保 　 険 　 料	34,000							
支 払 利 息	18,000							
	10,756,800	10,756,800						
売 上 原 価								
雑（　　　　）								
貸倒引当金繰入								
減 価 償 却 費								
貯 　 蔵 　 品								
（　　　　）利息								
（　　　　）保険料								
（　　　　）手数料								
当期純（　　　　）								

問題20-4　次に示した決算整理前残高試算表と【決算整理事項等】に基づいて，答案用紙の決算整理後残高試算表を完成しなさい。なお，会計期間は×年1月1日から12月31日までの1年間である。

決算整理前残高試算表

×年12月31日

借　方	勘　定　科　目	貸　方
321,600	現　　　　　　金	
2,000	現　金　過　不　足	
168,000	当　座　預　金	
80,000	電　子　記　録　債　権	
50,000	有　価　証　券	
70,000	繰　越　商　品	
1,200,000	建　　　　　　物	
300,000	土　　　　　　地	
	買　　掛　　金	181,600
	電　子　記　録　債　務	60,000
	貸　倒　引　当　金	1,000
	建物減価償却累計額	324,000
	資　　本　　金	1,000,000
	利　益　準　備　金	100,000
	繰　越　利　益　剰　余　金	80,000
	売　　　　　　上	1,500,000
	受　取　地　代	76,000
800,000	仕　　　　　　入	
300,000	給　　　　　　料	
12,000	保　　険　　料	
19,000	租　税　公　課	
3,322,600		3,322,600

【決算整理事項等】

1．現金過不足額は，収入印紙購入の記入もれであることが判明した。

2．電子記録債権の期末残高に対して，2％の貸倒を見積もる。引当金の設定は差額補充法による。

3．期末商品棚卸高は¥80,000である。売上原価は「仕入」の行で計算すること。

4．建物について定額法により減価償却を行う。

　建物　耐用年数：10年　残存価額：取得原価の10％

5．保険料は，今年9月1日に加入し，向こう1年分を一括して支払った金額である。

6．当社は取引先に土地を貸しているが，契約により毎年8月1日に向こう1年分の地代を受け取っている。

決算整理後残高試算表

×年12月31日

借　　方	勘　定　科　目	貸　　方
（　　　　　）	現　　　　　金	
（　　　　　）	当　座　預　金	
（　　　　　）	電　子　記　録　債　権	
（　　　　　）	有　価　証　券	
（　　　　　）	繰　越　商　品	
（　　　　　）	建　　　　　物	
（　　　　　）	土　　　　　地	
	買　　掛　　金	（　　　　　）
	電　子　記　録　債　務	（　　　　　）
	貸　倒　引　当　金	（　　　　　）
	建　物　減　価　償　却　累　計　額	（　　　　　）
	資　　本　　金	（　　　　　）
	利　益　準　備　金	（　　　　　）
	繰　越　利　益　剰　余　金	（　　　　　）
	売　　　　　上	（　　　　　）
	受　取　地　代	（　　　　　）
（　　　　　）	仕　　　　　入	
（　　　　　）	給　　　　　料	
（　　　　　）	保　　険　　料	
（　　　　　）	租　税　公　課	
（　　　　　）	貸　倒　引　当　金　繰　入	
（　　　　　）	減　価　償　却　費	
（　　　　　）	前　払　保　険　料	
	（　　　　　　　　　　　）	（　　　　　）
（　　　　　）		（　　　　　）

問題20−5　次に示した決算整理前残高試算表と【決算整理事項等】に基づいて，答案用紙の
決算整理後残高試算表を完成しなさい。会計期間は×5年1月1日から12月31日までの1年間
である。

決算整理前残高試算表
×5年12月31日

借　方	勘定科目	貸　方
120,000	現　　　　金	
4,500	現金過不足	
112,000	当座預金	
131,000	売　掛　金	
157,000	電子記録債権	
60,000	仮　払　金	
150,000	有価証券	
90,000	繰越商品	
300,000	貸　付　金	
2,500,000	建　　　　物	
500,000	備　　　　品	
300,000	土　　　　地	
	買　掛　金	221,000
	電子記録債務	165,000
	前　受　金	50,000
	仮　受　金	12,500
	貸倒引当金	2,500
	建物減価償却累計額	625,000
	備品減価償却累計額	200,000
	資　本　金	1,000,000
	利益準備金	610,000
	繰越利益剰余金	800,000
	売　　　　上	1,892,500
	受取地代	42,000
	受取利息	12,000
756,000	仕　　　　入	
371,000	給　　　　料	
62,000	保　険　料	
19,000	租税公課	
5,632,500		5,632,500

【決算整理事項等】

1．現金過不足額のうち，¥3,000は収入印紙購入の
記入もれであることが判明したが，残額については
決算日現在その発生原因が依然として不明であるた
め，適切な処理をした。

2．仮払金は，当期に備品を発注した際に購入代金の
一部を頭金として支払ったものである。なお，この
備品¥250,000は今年7月1日に引渡しを受け，す
でに使用を始めているが，代金の残額は×6年1月
31日に支払うこととなっている。これらの処理は未
記帳となっている。

3．仮受金は，得意先より受け入れていた内容不明の
入金であったが，その全額が売掛金の回収であるこ
とが判明した。

4．徳島株式会社から商品の手付金¥2,500を受け取っ
ていたが，これを売掛金から控除していた。決算に
際し，修正する。

5．売掛金および電子記録債権の期末残高に対して，
2％の貸倒を見積もる。引当金の設定は差額補充法
による。

6．期末商品棚卸高は¥34,000である。売上原価は
「仕入」の行で計算すること。

7．建物および備品について定額法により減価償却を
行う。

　建物　耐用年数25年　残存価額：取得原価の10％
　備品　耐用年数10年　残存価額：ゼロ
　　なお，今年度に購入した新備品についても，従来
の備品と同様に減価償却を行うが，月割計算による。

8．保険料は，今年4月1日に保険に加入し，向こう
1年分を一括して支払った金額である。

9．当社は京都株式会社に土地を貸しているが，契約
により毎年9月1日に向こう1年分の地代を受け
取っている。

10. 貸付金は，今年5月1日に貸付期間1年，利率年
　　4％の条件で貸し付けたもので，利息は貸し付けた
　　時に受け取っている。
11. 収入印紙の期末未使用分は¥5,000である。

決算整理後残高試算表
×5年12月31日

借　　　方	勘　定　科　目	貸　　　方
（　　　　　）	現　　　　　　金	
（　　　　　）	当　座　預　金	
（　　　　　）	売　　掛　　金	
（　　　　　）	電　子　記　録　債　権	
（　　　　　）	有　価　証　券	
（　　　　　）	繰　越　商　品	
（　　　　　）	貸　　付　　金	
（　　　　　）	建　　　　　　物	
（　　　　　）	備　　　　　　品	
（　　　　　）	土　　　　　　地	
	買　　掛　　金	（　　　　　）
	電　子　記　録　債　務	（　　　　　）
	前　　受　　金	（　　　　　）
	貸　倒　引　当　金	（　　　　　）
	建物減価償却累計額	（　　　　　）
	備品減価償却累計額	（　　　　　）
	資　　本　　金	（　　　　　）
	利　益　準　備　金	（　　　　　）
	繰　越　利　益　剰　余　金	（　　　　　）
	売　　　　　上	（　　　　　）
	受　取　地　代	（　　　　　）
	受　取　利　息	（　　　　　）
（　　　　　）	仕　　　　　入	
（　　　　　）	給　　　　　料	
（　　　　　）	保　　険　　料	
（　　　　　）	租　税　公　課	
（　　　　　）	（　　　　　　　　）	
（　　　　　）	貸　倒　引　当　金　繰　入	
（　　　　　）	減　価　償　却　費	
	（　　　　　　　　）	（　　　　　）
（　　　　　）	前　払　保　険　料	
	前　受　地　代	（　　　　　）
	前　受　利　息	（　　　　　）
（　　　　　）	（　　　　　　　　）	
（　　　　　）		（　　　　　）

第21章

帳簿の締切と財務諸表の作成

1　帳簿の締切と財務諸表の作成

第17章で学習したように，決算の具体的な手順は以下のとおりである。

(1)　決算予備手続

1．仕訳帳の仮締め（第7章）

2．試算表の作成（第6章）

3．棚卸表の作成（第17章）

4．精算表（あるいは決算整理後残高試算表）の作成（第6章，第20章）

(2)　決算本手続（帳簿決算の手続）

1．総勘定元帳の締切（第7章）

2．仕訳帳の締切（第7章）

3．補助簿の締切（主な補助簿の締切については次の各章に記載）

　　　　第9章　仕入帳・売上帳・商品有高帳・売掛金元帳・買掛金元帳

　　　　第10章　現金出納帳・当座預金出納帳・小口現金出納帳

　　　　第11章　受取手形記入帳・支払手形記入帳

　　　　第14章　固定資産台帳

(3)　財務諸表の作成

1．損益計算書の作成（第2章，第7章）

2．貸借対照表の作成（第2章，第7章）

本章では，総勘定元帳の締切，仕訳帳の締切，財務諸表の作成について説明する。

2　総勘定元帳の締切

(1)　収益・費用の諸勘定の締切

　第7章で学習したように，決算において，期間損益を計算するために，損益勘定を設け，この勘定に収益と費用に属するすべての勘定の残高を振り替えて，当期純利益（または当期純損失）を算出する。その手続は以下のようになる。

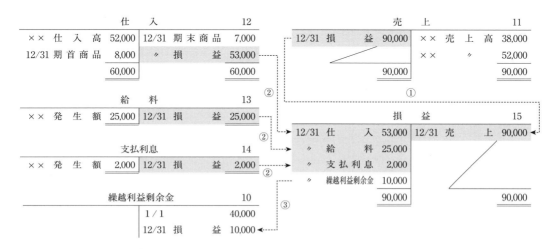

1．収益の諸勘定の残高を損益勘定の貸方に振り替える。

　　　①　（借方）売　　　　上　　90,000　　（貸方）損　　　　益　　90,000

2．費用の諸勘定の残高を損益勘定の借方に振り替える。

　　　②　（借方）損　　　　益　　80,000　　（貸方）仕　　　　入　　53,000
　　　　　　　　　　　　　　　　　　　　　　　　　　給　　　　料　　25,000
　　　　　　　　　　　　　　　　　　　　　　　　　　支　払　利　息　　2,000

3．損益勘定の残高（当期純利益または当期純損失）を繰越利益剰余金勘定に振り替える。すなわち，当期純利益の場合には繰越利益剰余金勘定の貸方に振り替え，逆に，当期純損失の場合には繰越利益剰余金勘定の借方に振り替える。

　　　③　（借方）損　　　　益　　10,000　　（貸方）繰越利益剰余金　　10,000

4．収益・費用・損益の各勘定口座を締め切る。すなわち，借方・貸方金額の合計を一致させて図のように締め切るのである。この場合に借方・貸方とも1行しかない場合には，直ちにその行で二本線によって勘定を締め切る。繰越利益剰余金勘定はこの段階では締め

切らない。

(2)　資産・負債・資本の諸勘定の繰越と締切

第7章で学習したように，資産・負債・資本に属する勘定の締切方法は，仕訳帳を通さず，直接，それぞれの勘定口座の上で，残高を次期へ繰り越す手続を行う。なお，繰越記入の正否を検算するために繰越試算表を作成する。

現　　金			1
××	35,000	××	35,000
××	20,000	12/31 次期繰越	50,000
××	30,000		
	85,000		85,000
1/1 前期繰越	50,000		

売　掛　金			2
××	35,000	××	15,000
××	42,000	××	22,000
		12/31 次期繰越	40,000
	77,000		77,000
1/1 前期繰越	40,000		

繰越商品			3
1/1	8,000	12/31	8,000
12/31	7,000	〃 次期繰越	7,000
	15,000		15,000
1/1 前期繰越	7,000		

備　　品			4
××	43,000	12/31 次期繰越	43,000
1/1 前期繰越	43,000		

買　掛　金			5
××	23,000	××	35,000
12/31 次期繰越	40,000	××	28,000
	63,000		63,000
		1/1 前期繰越	40,000

借　入　金			6
12/31 次期繰越	23,000	××	23,000
		1/1 前期繰越	23,000

貸倒引当金			7
12/31 次期繰越	2,000	××	2,000
		1/1 前期繰越	2,000

備品減価償却累計額			8
12/31 次期繰越	5,000	××	5,000
		1/1 前期繰越	5,000

資　本　金			9
12/31 次期繰越	20,000	1/1 前期繰越	20,000

繰越利益剰余金			10
12/31 次期繰越	50,000	1/1	40,000
		12/31	10,000
	50,000		50,000
		1/1 前期繰越	50,000

繰　越　試　算　表
×年12月31日

借　方	勘　定　科　目	元丁	貸　方
50,000	現　　　　　金	1	
40,000	売　　掛　　金	2	
7,000	繰　越　商　品	3	
43,000	備　　　　　品	4	
	買　　掛　　金	5	40,000
	借　　入　　金	6	23,000
	貸　倒　引　当　金	7	2,000
	備品減価償却累計額	8	5,000

	資　　本　　金	9	50,000
	繰 越 利 益 剰 余 金	10	50,000
140,000			140,000

3　仕訳帳の締切

　第7章で学習したように，総勘定元帳の締切によって，仕訳帳も決算仕訳（決算整理仕訳および決算振替仕訳）を経て締切を行う。

仕　　訳　　帳　　　　　　　　　2

×年		摘　　　　　　要	元丁	借　方	貸　方
		〰〰〰〰〰〰〰〰〰〰〰		295,000	295,000
		決算仕訳			
12	31	（売　　　　　上）	11	90,000	
		（損　　　　益）	15		90,000
		収 益 勘 定 を 損 益 勘 定 へ 振 替			
	〃	（損　　　益）　　諸　　口	15	80,000	
		（仕　　　　入）	12		53,000
		（給　　　料）	13		25,000
		（支 払 利 息）	14		2,000
		費 用 勘 定 を 損 益 勘 定 へ 振 替			
	〃	（損　　　益）	15	10,000	
		（繰越利益剰余金）	10		10,000
		当期純利益を繰越利益剰余金勘定へ振替			
				180,000	180,000

4　財務諸表の作成

(1)　損益計算書

　損益計算書は，一定期間（通常は1年）における企業の経営成績を示した報告書である。損益計算書には，一会計期間におけるすべての収益と費用を記載するとともに，両者の差額として当期純利益（または当期純損失）を表示する。損益計算書が損益勘定の勘定口座記録から作成されることは第7章でも学習した。その作成にあたっては次のような点に留意しなければならない。

① 上記のように損益勘定の借方に振り替えられた¥53,000は売上原価の金額であり，損益計算書では「売上原価」と表示する。

② 損益勘定の貸方に振り替えられた売上は「売上高」と表示する。

損 益 計 算 書

××株式会社	自×年1月1日	至×年12月31日			（単位：円）
費　　用	金　　額		収　　益		金　　額
売　上　原　価	53,000		売　　上　　高		90,000
給　　　　料	25,000				
支　払　利　息	2,000				
当　期　純　利　益	10,000				
	90,000				90,000

(2) 貸借対照表

貸借対照表は，一定時点（通常は決算日）における企業の財政状態を示した報告書である。貸借対照表には，決算日時点におけるすべての資産，負債，および資本を記載する。記載内容は，ほぼ繰越試算表と同様であり，それぞれの勘定科目と金額が入る。作成にあたっては次のような点に留意しなければならない。

繰 越 試 算 表

×年12月31日

借　　方	勘　定　科　目	元丁	貸　　方
50,000	現　　　　　　金	1	
40,000	売　　掛　　金	2	
7,000	繰　越　商　品	3	
43,000	備　　　　　品	4	
	買　　掛　　金	5	40,000
	借　　入　　金	6	23,000
	貸　倒　引　当　金	7	2,000

	備品減価償却累計額	8	5,000
	資本金	9	50,000
	繰越利益剰余金	10	50,000
140,000			140,000

① 繰越商品は貸借対照表では「商品」と表示する。

② 売上債権（受取手形・売掛金）は，貸倒引当金を控除する形式で示す。

③ 有形固定資産（建物・備品など）は，減価償却累計額を控除する形式で示す。

貸借対照表

××株式会社　　　　　　　　　　　×年12月31日　　　　　　　　　　（単位：円）

資　　産	金　　額		負債および資本(純資産)	金　　額
現　　　　金		50,000	買　　掛　　金	40,000
売　　掛　　金	40,000		借　　入　　金	23,000
貸倒引当金	2,000	38,000	資　　本　　金	20,000
商　　　　品		7,000	繰越利益剰余金	50,000
備　　　　品	43,000			
備品減価償却累計額	5,000	38,000		
		133,000		133,000

Training

問題21-1　次の資料から，決算整理仕訳および決算振替仕訳を行い，総勘定元帳に転記して締め切りなさい。ただし，決算日は×年12月31日（会計期間は1年間），総勘定元帳の勘定口座には，日付，相手勘定科目，金額を記入すること。なお，繰越試算表も作成しなさい。

1．期末商品棚卸高　　　¥9,800

2．建物減価償却費　　　¥8,100

3．貸倒見積額　　　売掛金残高の3％（差額補充法）

		借　方　科　目	金　額	貸　方　科　目	金　額
決算整理仕訳	(1)				
	(2)				
	(3)				
決算振替仕訳	(1)				
	(2)				
	(3)				

現　　　金			売　掛　金	
61,000	40,000		55,000	37,000
			32,000	

繰　越　商　品			建　　　物	
12,000			180,000	

買　掛　金			建物減価償却累計額	
47,000	44,000			54,000
	38,000			

貸　倒　引　当　金			繰越利益剰余金	
	1,000			100,000

	売	上	
			324,000

	資 本 金	
		40,000

	給 料	
34,000		

	広 告 宣 伝 費	
9,000		

	仕	入	
248,000			

	貸倒引当金繰入	

	損	益	

	減 価 償 却 費	

繰 越 試 算 表
×年12月31日

借　　方	勘 定 科 目	貸　　方
	現　　　　　　金	
	売　　掛　　金	
	繰　越　商　品	
	建　　　　　物	
	買　　掛　　金	
	貸　倒　引　当　金	
	建物減価償却累計額	
	資　　本　　金	
	繰 越 利 益 剰 余 金	

問題21−2　次に示す〔決算整理事項〕および総勘定元帳に基づいて決算整理仕訳および決算振替仕訳を行い，総勘定元帳に転記して締め切り（開始記入も行うこと），繰越試算表を作成しなさい。会計期間は×年1月1日から12月31日までの1年間である。前期繰越高および期中取引は各勘定に記入済みである。

〔決算整理事項〕

(1)　期末商品棚卸高は¥100,000である。

(2)　当期以前に取得した備品について定額法により減価償却を行う。なお，この備品の残存価額はゼロ，耐用年数は10年である。

(3)　売掛金の期末残高に対し3％の貸倒を見積もる。なお，貸倒引当金の設定は差額補充法によること。

(4)　家賃1年分¥36,000を受け取っていたが，そのうち1ヵ月分は次期の家賃である。

		借　方　科　目	金　　額	貸　方　科　目	金　　額
決算整理仕訳	(1)				
	(2)				
	(3)				
	(4)				
決算振替仕訳	(1)				
	(2)				
	(3)				

総　勘　定　元　帳

現　　　　金　　　　　　　　　　　　11

×年	摘　　　　　要	仕丁	借　　方	×年	摘　　　　　要	仕丁	貸　　方
	（借方合計）		670,000		（貸方合計）		250,000

売　掛　金　　12

×年	摘　　　　要	仕丁	借　　方	×年	摘　　　　要	仕丁	貸　　方
	（借方合計）		1,040,000		（貸方合計）		640,000

繰　越　商　品　　13

×年	摘　　　　要	仕丁	借　　方	×年	摘　　　　要	仕丁	貸　　方
1	1	（借方合計）	120,000				

備　　品　　14

×年	摘　　　　要	仕丁	借　　方	×年	摘　　　　要	仕丁	貸　　方
	（借方合計）		130,000				

買　掛　金　　21

×年	摘　　　　要	仕丁	借　　方	×年	摘　　　　要	仕丁	貸　　方
	（借方合計）		200,000		（貸方合計）		450,000

借　入　金　　22

×年	摘　　　　要	仕丁	借　　方	×年	摘　　　　要	仕丁	貸　　方
					（貸方合計）		150,000

貸　倒　引　当　金　　23

×年	摘　　　　要	仕丁	借　　方	×年	摘　　　　要	仕丁	貸　　方
					（貸方合計）		5,000

備品減価償却累計額　24

×年	摘　　　　要	仕丁	借　　方	×年	摘　　　　要	仕丁	貸　　方
					（貸方合計）		45,000

前　受　家　賃　25

×年	摘　　　　要	仕丁	借　　方	×年	摘　　　　要	仕丁	貸　　方

資　本　金　31

×年	摘　　　　要	仕丁	借　　方	×年	摘　　　　要	仕丁	貸　　方
					（貸方合計）		50,000

繰越利益剰余金　32

×年	摘　　　　要	仕丁	借　　方	×年	摘　　　　要	仕丁	貸　　方
					（貸方合計）		300,000

売　　　上　41

×年	摘　　　　要	仕丁	借　　方	×年	摘　　　　要	仕丁	貸　　方
	（借方合計）		25,000		（貸方合計）		965,000

受　取　家　賃　42

×年	摘　　　　要	仕丁	借　　方	×年	摘　　　　要	仕丁	貸　　方
					（貸方合計）		36,000

仕　　　入　　　51

×年	摘　　　　要	仕丁	借　　方	×年	摘　　　　要	仕丁	貸　　方
	（借 方 合 計）		655,000		（貸 方 合 計）		56,000

給　　　料　　　52

×年	摘　　　　要	仕丁	借　　方	×年	摘	要	仕丁	貸　　方
	（借 方 合 計）		107,000					

貸倒引当金繰入　　　54

×年	摘	要	仕丁	借　　方	×年	摘	要	仕丁	貸　　方

減 価 償 却 費　　　55

×年	摘	要	仕丁	借　　方	×年	摘	要	仕丁	貸　　方

損　　　益　　　61

×年	摘	要	仕丁	借　　方	×年	摘	要	仕丁	貸　　方

繰 越 試 算 表

×年12月31日

借　　方	勘 定 科 目	貸　　方
	現　　　　　金	
	売　　掛　　金	
	繰　越　商　品	
	備　　　　　品	
	買　　掛　　金	
	借　　入　　金	
	貸　倒　引　当　金	
	備品減価償却累計額	
	前　受　家　賃	
	資　　本　　金	
	繰越利益剰余金	

問題21－3　問題21－2に基づいて，損益計算書および貸借対照表を作成しなさい。

損 益 計 算 書

××株式会社　　　　自×年1月1日　至×年12月31日

費　　用	金　　額	収　　益	金　　額
（　　　　　　）	（　　　　　）	（　　　　　　）	（　　　　　）
給　　　　料	（　　　　　）	受　取　家　賃	（　　　　　）
貸 倒 引 当 金 繰 入	（　　　　　）		
減 価 償 却 費	（　　　　　）		
（　　　　　　）	（　　　　　）		
（　　　　　　）	（　　　　　）		（　　　　　）

貸 借 対 照 表

×× 株式会社　　　　　　　　×年12月31日

資　　　産	金　　　額	負債および資本（純資産）	金　　　額
現　　　　　金	（　　　　）	買　　掛　　金	（　　　　）
売　　掛　　金	（　　　）	借　　入　　金	（　　　　）
（　　　　　）	（　　　）（　　　）	前　受　収　益	（　　　　）
商　　　　　品	（　　　　）	資　　本　　金	（　　　　）
備　　　　　品	（　　　）	（　　　　　　）	（　　　　）
（　　　　　）	（　　　）（　　　）		
	（　　　　　）		（　　　　）

第22章

伝票会計

1 会計帳簿と帳簿組織

　企業が複式簿記の原理に基づいて会計処理を実施するためには，会計帳簿の組織が整備される必要がある。

　帳簿組織における問題は，次の２つの点に要約することができる。すなわち，(1)大量に発生する取引をいかに速やかに仕訳帳に記帳することができるか，(2)大量の仕訳帳記録をいかに速やかに，かつ効率的に総勘定元帳に転記することができるか，という問題である。帳簿組織の発展は，この問題を解決するために考案された成果である。その発展形態の１つとして，伝票会計制度がある。

2 伝票会計制度

　企業経営規模の拡大に伴う取引量の増大により，仕訳帳という帳簿のみに記録することに限界が生じてくる。この問題を解決するために，伝票を用いて仕訳帳機能を果たす会計制度，すなわち**伝票会計制度**がある。

(1) 証憑

　証憑とは，取引などの事実に基づいて，その日付，事由，内容，金額，取引相手などを記入した紙片であり，取引の証拠書類となるものである。納品書，請求書，振込依頼書，商品受領書，領収書（領収証書），旅費交通費報告書などがそれである。伝票はこれらの証憑を基礎資料として記帳されることになる。

●証憑の例●

納品書 兼 請求書

○○株式会社　御中　　　　　　　　　　×年×月×日
　　　　　　　　　　　　　　　　　××商事株式会社

品　物	数　量	単　価	金　額
商品A	50	100	5,000
商品B	70	80	5,600
		消費税（10%）	1,060
		合　計	11,660

×年○月○日までに合計額を下記口座へお振込みください。
△銀行×支店　当座123456　　××ショウジ（カ

振込依頼書

○○株式会社　御中　　　　　　　　　　×年×月×日
　　　　　　　　　　　　　　　　　××不動産株式会社

この度はご契約ありがとうございます。
×年○月○日までに以下の金額を下記口座へお振込みください。
△銀行×支店　当座123456　　××フドウサン（カ

内　　容	金　額
仲介手数料	100,000
敷　金	600,000
合　計	700,000

領　収　書

○○株式会社　御中　　　　　　　　　　×年×月×日
　　　　　　　　　　　　　　　　　××株式会社

品　　物	数　量	単　価	金　額
商品E	3	120,000	360,000
商品F	3	50,000	150,000
		合　計	510,000

上記の合計額を領収いたしました。　　収入印紙 400円

旅費交通費報告書

　　　　　　　　　　　　　　　　　×年×月×日
　　　　　　　　　　　　　　　　　××株式会社

移　動　先	手　段　等	領収書	金　額
○○営業所	電車	有	6,500
○○ビジネスホテル	宿泊	有	13,000
帰　社	タクシー	有	9,000
		合　計	28,500

営業部：出張　太郎　㊞

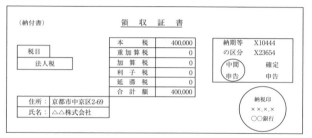

（納付書）　　　　領　収　証　書

税目　　　法人税

本　税	400,000
重加算税	0
加算税	0
利子税	0
延滞税	0
合計額	400,000

納期等　X10444
の区分　X23654
中間　確定
申告　申告

住所：京都市中京区2-69
氏名：△△株式会社

納税印
×、×、×
○○銀行

(2)　伝票

　伝票会計制度でいう**伝票**とは，取引の内容が仕訳の形式または仕訳が可能である形式で記帳されている紙片であり，一般に，会計伝票または経理伝票といわれるものである。それは証憑とは区別される。

　伝票会計制度では，下図のように，証憑を基礎資料として伝票に取引の原始記入を行い（これを起票という），それに基づいて各帳簿へ転記する。

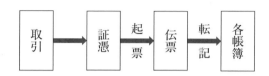

取引　→　証憑　起票　伝票　転記　各帳簿

3　単一伝票制度と複合伝票制度

　伝票会計制度において，一種類の伝票のみを用いる制度と複数の種類の伝票を用いる制

度がある。前者は，すべての取引について一種類の伝票（**仕訳伝票**）を用いる方法であり，単一伝票制度または一伝票制という。後者は，取引の種類（たとえば，入金取引）に応じて特定の伝票（たとえば，入金伝票）を用いることによって，複数の形式の伝票を用いる方法であり，複合伝票制度または複数伝票制度という。なお，本章では，一伝票制と，複合伝票制度のうち，三伝票制を学習する。

(1) 一伝票制

一伝票制とは，すべての取引を一種類の伝票で処理する方法である。この場合，仕訳伝票が用いられる。仕訳伝票は，借方計上の勘定科目名と貸方計上の勘定科目名を記入する伝票である。

例題22－1　次の取引を，仕訳伝票に記入しなさい。

７月１日　商品￥21,000を仕入れ，代金は現金で支払った。

（解）〈記入例〉

仕訳伝票（借方）		仕訳伝票（貸方）	
7月1日		7月1日	
科目　仕　　入　￥　21,000		科目　現　　金　￥　21,000	

---

(2)　三伝票制

三伝票制とは，三種類の伝票すなわち入金伝票，出金伝票，振替伝票を用いる方法である。

①　入金伝票

入金伝票は入金取引の場合に用いる伝票で，この場合，仕訳の借方科目は「現金」であり，貸方科目は伝票に記入されている科目となる。

例題22-2　11月5日，関西株式会社に対する売掛金¥150,000を現金で受け取った。入金伝票に記入するとともに，その仕訳を示しなさい。

(解)〈記入例〉

			入　金　伝　票						No.25	
			×年11月5日							
科目	売　掛　金	入金先	関西株式会社殿							
摘　　要				金　　額						
売掛代金回収						1	5	0	0	0	0
合　　　計					¥	1	5	0	0	0	0

承認印	記帳印	会計印	係　　印

（入金伝票は一般に，赤色で印刷される）

〈仕訳〉　（借方）現　　　金　150,000　　（貸方）売　掛　金　150,000

---

② **出金伝票**

出金伝票は出金取引の場合に用いる伝票で，この場合，仕訳の貸方科目は「現金」であり，借方科目は伝票に記入されている科目となる。

例題22-3　11月6日，神戸家具株式会社より事務用の机・いす一式を買い入れ，代金¥200,000を現金で支払った。出金伝票に記入するとともに，その仕訳を示しなさい。

(解) 〈記入例〉

<table>
<tr><td colspan="6" align="right">No.38</td></tr>
<tr><td colspan="6" align="center">出　金　伝　票
×年11月6日</td></tr>
<tr><td>科目</td><td>備　　品</td><td>支払先</td><td colspan="3">神戸家具株式会社殿</td></tr>
<tr><td colspan="3" align="center">摘　　　　要</td><td colspan="3" align="center">金　　額</td></tr>
<tr><td colspan="3">事務用机・いす一式</td><td></td><td align="right">2 0 0 0 0 0</td><td></td></tr>
<tr><td colspan="3"></td><td></td><td></td><td></td></tr>
<tr><td colspan="3"></td><td></td><td></td><td></td></tr>
<tr><td colspan="3"></td><td></td><td></td><td></td></tr>
<tr><td colspan="3" align="center">合　　　計</td><td></td><td align="right">¥ 2 0 0 0 0 0</td><td></td></tr>
<tr><td>承認印</td><td>記帳印</td><td>会計印</td><td colspan="3">係　　印</td></tr>
<tr><td></td><td></td><td></td><td colspan="3"></td></tr>
</table>

(出金伝票は一般に，青色で印刷される)

〈仕訳〉　(借方) 備　　　品　200,000　　(貸方) 現　　　金　200,000

---

③　振替伝票

　三伝票制では，入金取引と出金取引以外の取引（これを**振替取引**という）については，振替伝票を用いる。この場合，普通の仕訳帳と同様，仕訳の借方科目と貸方科目が記入される。

例題22−4　11月10日，京都株式会社へHB鉛筆200ケース（単価￥300）とH鉛筆100ケース（単価￥350）を掛で販売した。振替伝票に記入するとともに，その仕訳を示しなさい。

（解）〈記入例〉

No.58

振　替　伝　票
×年11月10日

借方科目	小　科　目	小　科　目	貸方科目
売　掛　金	京都株式会社		売　　　上

摘　　　要	数量	単価	金　　額
HB鉛筆	200	3 0 0	6 0 0 0 0
H鉛筆	100	3 5 0	3 5 0 0 0
合　　　計			￥9 5 0 0 0

承認印	記帳印	係　印

（振替伝票は一般に，青色または黒色で印刷される）

〈仕訳〉　（借方）　売　掛　金　　95,000　　　（貸方）　売　　　上　　95,000

---

(3)　複合取引の処理

　伝票会計では，１つの取引で，借方または貸方に計上される勘定科目が２つ以上ある取引のことを複合取引という。複合取引のうち，①現金収支を伴わない**全部振替取引**については，複合取引のまま振替伝票に記入し，②一部に現金収支を伴う**一部振替取引**については，**単純取引**（１つの借方科目と１つの貸方科目）になおして伝票に記入する。②については，(a) 現金取引と振替取引に分けて（取引を分解して）伝票に記入する方法と，(b) いったん全額を振替取引とし，その後に現金取引があったものとみなして（取引を擬制して）伝票に記入する方法がある。

例題22－5　次の取引を伝票に記入しなさい。

商品¥200,000を販売し，代金のうち¥50,000は現金で受け取り，残額は掛とした。

〈三伝票制〉

① 取引を分解する方法

```
          入　金　伝　票
  科目　売　　上　　¥　　50,000
```

```
    振替伝票（借方）                振替伝票（貸方）
  科目　売　掛　金　¥　150,000    科目　売　　上　　¥　150,000
```

＊　仕訳（参考）

　　（借方）現　　　金　　50,000　　　（貸方）売　　　上　　50,000

　　（借方）売　掛　金　　150,000　　　（貸方）売　　　上　　150,000

② 取引を擬制する方法

```
          入　金　伝　票
  科目　売　掛　金　¥　　50,000
```

```
    振替伝票（借方）                振替伝票（貸方）
  科目　売　掛　金　¥　200,000    科目　売　　上　　¥　200,000
```

＊　仕訳（参考）

　　（借方）現　　　金　　50,000　　　（貸方）売　掛　金　　50,000

　　（借方）売　掛　金　　200,000　　　（貸方）売　　　上　　200,000

4　伝票の集計と転記

　仕訳帳を用いる場合と同様に，各伝票に記入された取引記録は，総勘定元帳の各勘定口座へ転記される。ここで，取引記録を各伝票から総勘定元帳へ直接転記する方法を個別転記といい，一定期間（たとえば，1日や1週間）の伝票の内容を集計して総勘定元帳へ転記する方法を合計転記という。合計転記を行うために伝票の内容を集計する際には，仕訳集計表が用いられる。

　なお，総勘定元帳の記録を補うために補助元帳が設けられている場合，伝票から補助元帳への転記は，各伝票から直接行われる（個別転記のみ）。以下では，仕訳集計表の作成と，総勘定元帳および補助元帳への転記について説明する。

（1）　仕訳集計表の作成

　仕訳集計表には，１日分の伝票を集計するために作成される仕訳日計表と，１週間分の伝票を集計するために作成される仕訳週計表がある。ここでは，例題22－6を用いて仕訳日計表の作成手順について説明する。

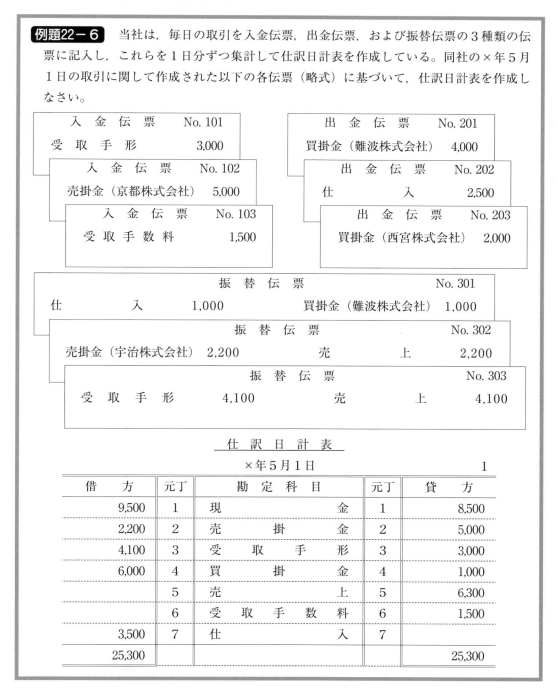

例題22－6　当社は，毎日の取引を入金伝票，出金伝票，および振替伝票の3種類の伝票に記入し，これらを1日分ずつ集計して仕訳日計表を作成している。同社の×年5月1日の取引に関して作成された以下の各伝票（略式）に基づいて，仕訳日計表を作成しなさい。

入　金　伝　票　　No.101	
受　取　手　形	3,000

入　金　伝　票　　No.102	
売掛金（京都株式会社）	5,000

入　金　伝　票　　No.103	
受　取　手　数　料	1,500

出　金　伝　票　　No.201	
買掛金（難波株式会社）	4,000

出　金　伝　票　　No.202	
仕　　　　　　入	2,500

出　金　伝　票　　No.203	
買掛金（西宮株式会社）	2,000

振　替　伝　票　　No.301			
仕　　入	1,000	買掛金（難波株式会社）	1,000

振　替　伝　票　　No.302			
売掛金（宇治株式会社）	2,200	売　　上	2,200

振　替　伝　票　　No.303			
受　取　手　形	4,100	売　　上	4,100

仕　訳　日　計　表
×年5月1日　　　　　　　　　1

借　　方	元丁	勘　定　科　目	元丁	貸　　方
9,500	1	現　　　　　　　金	1	8,500
2,200	2	売　　　　掛　　　　金	2	5,000
4,100	3	受　　取　　手　　形	3	3,000
6,000	4	買　　　　掛　　　　金	4	1,000
	5	売　　　　　　　上	5	6,300
	6	受　　取　　手　　数　　料	6	1,500
3,500	7	仕　　　　　　　入	7	
25,300				25,300

257

仕訳日計表の作成手順は，次のとおりである。

① 　1日分の伝票を集める（例題22−6では，×年5月1日に起票された伝票を集めている）。

② 　集められた伝票に記入されたすべての勘定科目ごとに，借方と貸方のそれぞれの合計金額を計算する。例題22−6では，まず，勘定科目欄に“現金”を記入する。次に，入金伝票の金額を集計し，現金勘定の借方欄に¥9,500を記入，出金伝票の金額を集計し，現金勘定の貸方欄に¥8,500を記入する。

③ 　上記②と同様に振替伝票に記入された勘定科目名を勘定科目欄に記入し，それぞれの借方と貸方の合計金額を仕訳集計表にある借方欄と貸方欄に記入する。

④ 　最後に，借方欄に記入されたすべての勘定科目の金額を集計する。貸方欄についても同様の作業を行い，それぞれの合計金額が一致していることを確認する。

(2) 総勘定元帳への転記

例題22−6で示した仕訳日計表において集計された各勘定科目の内容は，総勘定元帳へ転記される。例題22−7は，例題22−6における仕訳日計表を総勘定元帳（残高式）に転記したものである。転記の手順は以下のとおりである。

総勘定元帳への転記手順：

① 　総勘定元帳の日付欄に仕訳日計表に記載された日付，摘要欄に転記元である“仕訳日計表”と記入する。

② 　総勘定元帳の仕丁欄に仕訳日計表の右上にあるページ番号を記入すると同時に，仕訳日計表の元丁欄に総勘定元帳のページ番号を記入する（例題22−7では，売掛金の仕丁欄に仕訳日計表のページ番号1を記入し，仕訳日計表の元丁欄に売掛金勘定のページ番号2を記入する）。

③ 　仕訳日計表に集計されたすべての勘定科目の借方金額と貸方金額をそれぞれ元帳に転記する。

④ 　最後に，残高を計算して，借方に残高がある場合，借／貸欄に借を，貸方に残高がある場合，借／貸欄に貸を記入し，金額を残高欄に記入する。

例題22−7　例題22−6の仕訳日計表に基づいて，総勘定元帳へ転記を行いなさい。

総　勘　定　元　帳

現　　金　　　　　1

×年		摘　要	仕丁	借　方	貸　方	借／貸	残　高
5	1	前 月 繰 越	✓	15,000		借	15,000
	〃	仕 訳 日 計 表	1	9,500		〃	24,500
	〃	〃	〃		8,500	〃	16,000

売 掛 金　　　　　　　　　2

×年		摘　　要	仕丁	借　　方	貸　　方	借／貸	残　　高
5	1	前 月 繰 越	✓	9,000		借	9,000
	〃	仕 訳 日 計 表	1	2,200		〃	11,200
	〃	〃	〃		5,000	〃	6,200

受 取 手 形　　　　　　　3

×年		摘　　要	仕丁	借　　方	貸　　方	借／貸	残　　高
5	1	前 月 繰 越	✓	5,000		借	5,000
	〃	仕 訳 日 計 表	1	4,100		〃	9,100
	〃	〃	〃		3,000	〃	6,100

買 掛 金　　　　　　　　　4

×年		摘　　要	仕丁	借　　方	貸　　方	借／貸	残　　高
5	1	前 月 繰 越	✓		12,000	貸	12,000
	〃	仕 訳 日 計 表	1	6,000		〃	6,000
	〃	〃	〃		1,000	〃	7,000

売　　上　　　　　　　　　5

×年		摘　　要	仕丁	借　　方	貸　　方	借／貸	残　　高
5	1	仕 訳 日 計 表	1		6,300	貸	6,300

受 取 手 数 料　　　　　　6

×年		摘　　要	仕丁	借　　方	貸　　方	借／貸	残　　高
5	1	仕 訳 日 計 表	1		1,500	貸	1,500

仕　　入　　　　　　　　　7

×年		摘　　要	仕丁	借　　方	貸　　方	借／貸	残　　高
5	1	仕 訳 日 計 表	1	3,500		借	3,500

(3)　補助元帳への転記

　補助元帳は，特定の勘定の内容をより詳細に把握するために作成される帳簿である。最もよく使用される補助元帳には，売掛金元帳と買掛金元帳がある。これらの補助元帳への転記については，仕訳集計表を利用せず，各伝票から人名勘定を用いて直接個別転記を行う。

　例題22－8は，入金伝票，出金伝票および振替伝票から売掛金元帳または買掛金元帳の人名勘定へ転記した場合を示したものである。売掛金勘定の内容は売掛金元帳の人名勘定へ，買掛金勘定の内容は買掛金元帳の人名勘定へ転記する。摘要欄には転記元である伝票の種類を，仕丁欄にはその伝票番号を記入する。

例題22－8　各伝票から補助元帳（売掛金元帳および買掛金元帳）へ転記しなさい。

入　金　伝　票　　No. 102
売掛金（京都株式会社）　5,000

出　金　伝　票　　No. 201
買掛金（難波株式会社）　4,000

出　金　伝　票　　No. 203
買掛金（西宮株式会社）　2,000

振　替　伝　票　　　　　　　　　No. 301
仕　　入　　1,000　　買掛金（難波株式会社）　1,000

振　替　伝　票　　　　　　　　　No. 302
売掛金（宇治株式会社）　2,200　　売　　上　　2,200

補　助　元　帳
売　掛　金　元　帳

京　都　株　式　会　社　　　　　　1

×年		摘　　要	仕丁	借　　方	貸　　方	借／貸	残　　高
5	1	前 月 繰 越	✓	15,000		借	15,000
	〃	入 金 伝 票	102		5,000	〃	10,000

宇　治　株　式　会　社　　　　　　2

×年		摘　　要	仕丁	借　　方	貸　　方	借／貸	残　　高
5	1	前 月 繰 越	✓	9,000		借	9,000
	〃	振 替 伝 票	302	2,200		〃	11,200

補　助　元　帳
買　掛　金　元　帳

難　波　株　式　会　社　　　　　　1

×年		摘　　要	仕丁	借　　方	貸　　方	借／貸	残　　高
5	1	前 月 繰 越	✓		9,000	貸	9,000
	〃	出 金 伝 票	201	4,000		〃	5,000
	〃	振 替 伝 票	301		1,000	〃	6,000

	西　宮　株　式　会　社					2	
×　年	摘　　　要	仕丁	借　　方	貸　　方	借/貸	残　　高	
5　1	前 月 繰 越	✓		5,000	貸	5,000	
〃	出 金 伝 票	203	2,000		〃	3,000	

■ Training

問題22-1　次の取引の仕訳を行うとともに，各取引が記帳される補助簿に○印を記入しなさい。

山陰株式会社から商品¥2,500,000を仕入れ，代金のうち¥500,000は小切手，¥1,000,000は約束手形を振り出し，残額は掛とした。なお，引取運賃の¥10,000（当社負担）は未払いである。

借　方　科　目	金　　　額	貸　方　科　目	金　　　額

現　　金出 納 帳	当座預金出 納 帳	仕 入 帳	売 上 帳	商　　品有 高 帳	受取手形記 入 帳	支払手形記 入 帳	売 掛 金元　　帳	買 掛 金元　　帳

問題22−2 　次の証憑に基づいて，仕訳を示しなさい。なお，(1)(2)においては，買主，売主両方の仕訳を示すこと。

(1) 株式会社西宮商事は姫路株式会社に商品を売り上げ，品物とともに次の納品書兼請求書の原本を発送し，代金は掛とした。なお，発送費¥3,000（売主負担）は現金で配送業者に支払った。

```
                納品書　兼　請求書
                                ×5年9月30日
   姫路株式会社　御中
                          株式会社　西宮商事
   ┌────────┬──────┬──────┬──────┐
   │ 品　物 │ 数　量 │ 単　価 │ 金　額 │
   ├────────┼──────┼──────┼──────┤
   │ 商品C  │   30   │ 2,000 │ 60,000 │
   │ 商品D  │   40   │ 1,500 │ 60,000 │
   ├────────┴──────┴──────┼──────┤
   │           合　　計         │120,000 │
   └───────────────────┴──────┘

   ×5年10月31日までに合計額を下記口座へお振込みください。
   甲南銀行西宮支店　当座123456　カ）ニシノミヤショウジ
```

(2) 株式会社西宮商事は三ノ宮株式会社に商品を売り上げ，品物とともに次の納品書兼請求書を発送し，代金は掛とした（消費税は税抜方式で処理すること）。

```
                納品書　兼　請求書
                                ×5年4月30日
   三ノ宮株式会社　御中
                          株式会社　西宮商事
   ┌────────┬──────┬──────┬───────┐
   │ 品　物 │ 数　量 │ 単　価 │ 金　額  │
   ├────────┼──────┼──────┼───────┤
   │ 商品A  │  200   │  500  │ 100,000 │
   │ 商品B  │  100   │  800  │  80,000 │
   ├────────┴──────┴──────┼───────┤
   │      消費税（10%）         │  18,000 │
   │           合　　計         │ 198,000 │
   └───────────────────┴───────┘

   ×5年5月31日までに合計額を下記口座へお振込みください。
   甲南銀行西宮支店　当座123456　カ）ニシノミヤショウジ
```

(3) 当社は事務用物品を購入し，物品とともに次の請求書を受け取っている。

```
                請　　求　　書
   西宮株式会社　御中           ×5年8月15日
                          株式会社　関学堂
   ┌──────────┬──────┬──────┬──────┐
   │ 物　　品   │ 数　量 │ 単　価 │ 金　額 │
   ├──────────┼──────┼──────┼──────┤
   │ コピー用紙 │  100   │  300  │ 30,000 │
   │ ボールペン │  100   │  150  │ 15,000 │
   ├──────────┴──────┴──────┼──────┤
   │              合計           │ 45,000 │
   └─────────────────────┴──────┘

   ×5年9月30日までに合計額を下記口座へお振込みください。
   甲北銀行西宮支店　当座654321　カ）カンガクドウ
```

(4) 販売用の商品を購入し，本日，商品とともに次の領収書を受け取った。なお，商品注文時に
代金全額を支払っていたが，仮払金として処理していたため，適切な勘定に修正する。

領　収　書

西宮株式会社　御中　　　　　　　　　　×5年6月15日
　　　　　　　　　　　　　　　　　　　大阪株式会社

品　物	数　量	単　価	金　額
商品E	3	120,000	360,000
商品F	3	50,000	150,000
		合計	510,000

収入印紙
400円

上記の合計額を領収いたしました。

(5) 備品を購入し，次の振込依頼書にしたがって普通預金口座から振り込んだ。

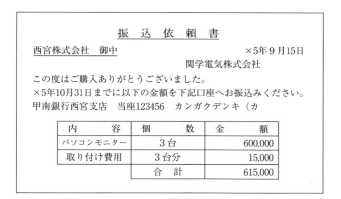

振　込　依　頼　書

西宮株式会社　御中　　　　　　　　　　×5年9月15日
　　　　　　　　　　　　　　関学電気株式会社

この度はご購入ありがとうございました。
×5年10月31日までに以下の金額を下記口座へお振込みください。
甲南銀行西宮支店　当座123456　カンガクデンキ（カ

内　容	個　数	金　額
パソコンモニター	3台	600,000
取り付け費用	3台分	15,000
	合　計	615,000

(6) 従業員が出張から帰り，概算払いしていた¥20,000について，次の旅費交通費報告書ととも
に領収書が提出され，残額を現金で受け取った。

旅費交通費報告書

　　　　　　　　　　　　　　　　×5年2月17日
　　　　　　　　　　　　　　　　西宮株式会社

手　段　等	移動先	金　額
タクシー	三田工場	2,500
宿泊（1泊）		15,000
	合計	17,500

営業部：関学　花子　㊞

(7) 従業員が出張から帰り，概算払いしていた¥20,000について，次の旅費交通費報告書とともに領収書が提出され，不足額は現金で支払った。

(8) 関学商事株式会社は次の納付書に基づき，法人税を当座預金口座から振り込んだ。

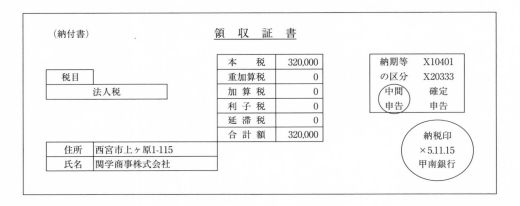

(9) 京都株式会社は次の納付書に基づき，普通預金口座から振り込んだ。

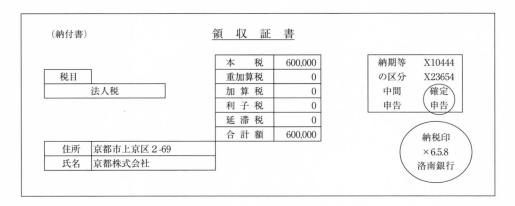

		借　方　科　目	金　　額	貸　方　科　目	金　　額
(1)	西宮				
	姫路				
(2)	西宮				
	三ノ宮				
(3)					
(4)					
(5)					
(6)					
(7)					
(8)					
(9)					

問題22－3　次の取引を，仕訳伝票に記入しなさい。

(1)　7月13日　商品￥58,000を売り上げ，代金は掛とした。

仕訳伝票（借方）	仕訳伝票（貸方）
月　　　日	月　　　日
科目 ＿＿＿＿＿＿ ￥ ＿＿＿＿	科目 ＿＿＿＿＿＿ ￥ ＿＿＿＿

(2)　7月21日　備品￥42,000を買い入れ，代金は小切手を振り出して支払った。

仕訳伝票（借方）	仕訳伝票（貸方）
月　　　日	月　　　日
科目 ＿＿＿＿＿＿ ￥ ＿＿＿＿	科目 ＿＿＿＿＿＿ ￥ ＿＿＿＿

問題22－4　次の取引を，各伝票に記入しなさい。

(1)　9月3日　徳島株式会社に対する売掛金¥50,000を現金で受け取った。

```
        入　金　伝　票
            月　　日
科目 _____  ¥ _____
        (      株式会社)
```

(2)　9月5日　香川株式会社から商品¥70,000を仕入れ，代金は現金で支払った。

```
        出　金　伝　票
            月　　日
科目 _____  ¥ _____
        (      株式会社)
```

(3)　9月7日　岡山株式会社に商品¥30,000を売り渡し，代金として同社振出の約束手形を受け取った。

```
    振替伝票（借方）            振替伝票（貸方）
        月　　日                  月　　日
科目 _____ ¥ _____  科目 _____ ¥ _____
    (     株式会社)              (     株式会社)
```

問題22－5　次の取引を(1)単純取引になおして（取引を分解して）伝票に記入する方法と，(2)複合取引のまま（取引を擬制して）伝票に記入する方法によって仕訳しなさい。

商品¥250,000を仕入れ，代金のうち¥130,000は現金で支払い，残額は掛とした。

	借　方　科　目	金　額	貸　方　科　目	金　額
(1)				
(2)				

問題22-6　関西株式会社は，取引を入金伝票，出金伝票，および振替伝票に記入し，1日分ずつ集計して仕訳日計表を作成している。下記の各略式伝票に基づいて，仕訳日計表を作成し，総勘定元帳および買掛金元帳（甲東園株式会社）へ転記しなさい。

入　金　伝　票　　No.118	
×年6月8日	
売掛金	3,200
（西宮株式会社）	

振　替　伝　票　　No.302			
×年6月8日			
売掛金	4,000	売　上	4,000
（西宮株式会社）			

入　金　伝　票　　No.119	
×年6月8日	
売掛金	2,700
（甲東園株式会社）	

振　替　伝　票　　No.309			
×年6月8日			
仕　入	6,000	買掛金	6,000
（甲東園株式会社）			

出　金　伝　票　　No.201	
×年6月8日	
備品	4,500

振　替　伝　票　　No.310			
×年6月8日			
売掛金	900	売　上	900
（西宮株式会社）			

出　金　伝　票　　No.202	
×年6月8日	
給料	75,000

振　替　伝　票　　No.311			
×年6月8日			
仕　入	5,000	買掛金	5,000
（甲東園株式会社）			

出　金　伝　票　　No.120	
×年6月8日	
買掛金	1,000
（甲東園株式会社）	

振　替　伝　票　　No.312			
×年6月8日			
買掛金	7,200	支払手形	7,200
（甲東園株式会社）			

仕　訳　日　計　表
×年6月8日　　　　　　　　　　1

借　　方	元丁	勘　定　科　目	元丁	貸　　方
		現　　　　　金		
		売　　掛　　金		
		備　　　　　品		
		買　　掛　　金		
		支　払　手　形		
		売　　　　　上		
		仕　　　　　入		
		給　　　　　料		

総　勘　定　元　帳

現　　　金　　　　　　　　　　　　1

×年		摘　　　要	仕丁	借　　方	貸　　方	借/貸	残　　高
6	1	前 月 繰 越	✓	120,000		借	120,000

売　掛　金　　　　　　　　　　　　3

×年		摘　　　要	仕丁	借　　方	貸　　方	借/貸	残　　高
6	1	前 月 繰 越	✓	8,000		借	8,000

補　助　元　帳
買　掛　金　元　帳

甲東園株式会社　　　　　　　　　　1

×年		摘　　　要	仕丁	借　　方	貸　　方	借/貸	残　　高
6	1	前 月 繰 越	✓		5,000	貸	5,000

索　引

新版　基本簿記論（第5版）

1988年5月25日	第1版第1刷発行	
2001年2月20日	第1版第71刷発行	
2002年4月20日	第2版第1刷発行	
2005年10月1日	第2版第6刷発行	
2006年4月5日	第3版第1刷発行	
2011年4月10日	第3版第7刷発行	
2012年4月1日	新版第1版第1刷発行	
2013年8月20日	新版第1版第3刷発行	
2014年4月1日	新版第2版第1刷発行	
2016年5月20日	新版第2版第6刷発行	
2017年2月20日	新版第3版第1刷発行	
2018年2月20日	新版第3版第4刷発行	
2019年4月1日	新版第4版第1刷発行	
2023年2月20日	新版第4版第15刷発行	
2024年3月30日	新版第5版第1刷発行	

Ⓒ 2024
Printed in Japan

編　者　関西学院大学
　　　　会計学研究室
発行者　山　本　　　継
発行所　㈱中央経済社
発売元　㈱中央経済グループ
　　　　パブリッシング

〒101-0051　東京都千代田区神田神保町1-35
電話　03 (3293) 3371 (編集代表)
　　　03 (3293) 3381 (営業代表)
https://www.chuokeizai.co.jp
印刷／㈱堀内印刷所
製本／誠製本㈱